子どもがつながる！
クラスがまとまる！

学級あそび 101

三好真史 著

学陽書房

○△□○△□○△□○△□○△□○△□○△□○△□○△□○△□○△□○△□

はじめに

「ええ～、面倒くさいよ」と、やる気を出さない子。
「じゃましないで！　あっちに行って！」と、友だちと仲良くできない子。
そんな子たちだって、「さあ、みんなであそぼう！」と呼びかければ、喜んで活動を始めます。
あそびであれば、友だちとも力を合わせます。
楽しくあそんでいる中で、子どもたちは気付きます。
「一生懸命がんばるって、楽しいな」
「友だちと仲良くするってステキだな」と。
効果的な学級あそびは、子どもの力を育み、友だち同士のつながりを生み出します。

本書には、子どもが夢中になる学級あそびを１０１点厳選して掲載しました。
本書で紹介する学級あそびには、次の３つの特徴があります。
特徴①　教室でスグにできる！
準備物は必要なし。どのあそびも教室でできます。だから、朝の会や授業の合間など、ちょっとしたすきま時間でサッと行うことが可能です。
特徴②　目的に応じてあそびを選べる！
どのあそびも、目的とあそびを対応させて掲載しています。目次ページを見れば、子どもに指導したいことからあそびを選ぶことができます。
特徴③　どの学年でも楽しめる！
低学年に必要な支援や、高学年への発展形なども明記しています。すべての学年であそびを楽しむことができるようになっています。

あそびのバリエーションも多数載せています。「前にやったあそびだけれど、今日はちょっとだけルールを変えるよ」と伝えれば、何度でも新鮮な気持ちで取り組むことができます。
これ１冊さえあれば、１年間、学級あそびで困ることはないでしょう。
さあ、明日の教室に学級あそびを取り入れ、明るく楽しいクラスをつくりましょう！

○△□○△□○△□○△□○△□○△□○△□○△□○△□○△□○△□○△□

contents

Chapter 1
1人ひとりの子どもをつなげるコミュニケーションあそび

聞く力を育てるあそび
- 1 指何本？……………………………………10
- 2 落ちた落ちた………………………………12
- 3 好きですか嫌いですか……………………14
- 4 聖徳太子ゲーム……………………………16
- 5 嘘の思い出だ〜れだ？……………………18

関わり合う力を育てるあそび
- 6 おにぎり・やきそば・プリン！…………20
- 7 キーワードキャッチ………………………22
- 8 鉛筆サークル………………………………24
- 9 思い出バスケット…………………………26
- 10 たましいのあくしゅ………………………28

話し合う力を育てるあそび
- 11 昔話リレー…………………………………30
- 12 でもでもバトル……………………………32
- 13 ここは何屋さんですか？…………………34
- 14 共通点3つ探し……………………………36
- 15 鉛筆対談……………………………………38

気持ちを伝える力を育てるあそび
- 16 人間間違い探し……………………………40
- 17 ジェスチャーしりとり……………………42
- 18 目線ビーム…………………………………44
- 19 1から10まで言えるかな…………………46
- 20 発表回数チャレンジ………………………48

Column 1 学級あそび5つのポイント……………………50

Chapter 2
友だちと1つになって行動するあそび

声を出し合うあそび
- 21 お口の体操……………………………52
- 22 声でモンスター退治!……………54
- 23 おいどんはかわいい………………56
- 24 どこまで聞こえるかな音読………58
- 25 いい声メーター……………………60

すばやく動くあそび
- 26 船長さんが言いました……………62
- 27 振り向き2秒!………………………64
- 28 準備・片づけギネス記録…………66
- 29 付箋でポイントアップ……………68
- 30 階段レベルアップ…………………70

起立するあそび
- 31 起立スピード選手権………………72
- 32 起立ポップコーン…………………74
- 33 だるまさんがころんだ……………76
- 34 起立バレーボール…………………78
- 35 リモコンぴ!…………………………80

拍手して盛り上がるあそび
- 36 パンパン10…………………………82
- 37 拍手スピードスター………………84
- 38 消しゴム拍手………………………86
- 39 古今東西ゲーム……………………88
- 40 宝探しパチパチ……………………90

Column 2　子どものやる気を引き出す学級あそびのすすめ方………92

contents

Chapter 3
親しき仲にも礼儀あり！
学級ルールを楽しく身につけるあそび

挨拶を交わすあそび
- 41 いろいろな挨拶30秒……94
- 42 挨拶勝負……96
- 43 挨拶すごろく……98
- 44 動きに合わせて返事しよう……100
- 45 目標宣言……102

静かに集中するあそび
- 46 1分間当てっこ……104
- 47 耳を澄ませば……106
- 48 指ローソクを吹き消そう……108
- 49 呼吸アコーディオン……110
- 50 しずかニワトリの卵……112

マナーを守るあそび
- 51 おじぎリーダーはだれだ？……114
- 52 ありがとうカウント……116
- 53 遠足リハーサル……118
- 54 校長先生ゲーム……120
- 55 3ポイントチェック……122

丁寧に行動するあそび
- 56 「あ」の字選手権大会……124
- 57 連絡帳名人……126
- 58 モノダス！……128
- 59 ゴミ拾いジャンケン……130
- 60 食器審査員……132

Column 3 子どもの「ふざけ」の対処法……134

Chapter 4
クラスの中に
チーム力を生み出すあそび

ペアで仲良くするあそび

- 61 あぶりカルビバトル ……………… 136
- 62 足裏ぴったんこ …………………… 138
- 63 タイ・タコ・手たたき …………… 140
- 64 シェルパーウォーク ……………… 142
- 65 スモールナンバー ………………… 144

班で仲良くするあそび

- 66 おじぞうさんゲーム ……………… 146
- 67 だれのタッチ ……………………… 148
- 68 たけのこにょっき ………………… 150
- 69 新聞ジャンケン …………………… 152
- 70 風船ポン …………………………… 154

クラスで仲良くするあそび

- 71 なんでもノッケ …………………… 156
- 72 席替え間違い探し ………………… 158
- 73 名前の冒険 ………………………… 160
- 74 ３つの質問で人物当て …………… 162
- 75 ペロリンキラー …………………… 164

１人ひとりを大切にするあそび

- 76 山びこコール ……………………… 166
- 77 １日ニックネーム ………………… 168
- 78 福の紙 ……………………………… 170
- 79 一日十善 …………………………… 172
- 80 きらりハンター …………………… 174

Column 4 学級あそびでつながり合う子どもたち …………… 176

contents

Chapter 5
クラス全員で1つになって学ぶ楽しさを体感させるあそび

考えを尊重し合うあそび
- 81 ジェスチャー分かるかな？ …………178
- 82 私はな〜に？ …………180
- 83 いくつで進化 …………182
- 84 漢字探し …………184
- 85 文字ミッケ …………186

集中して勉強するあそび
- 86 下読み1分間 …………188
- 87 復習スピード …………190
- 88 100ます計算バトンタッチ …………192
- 89 1ページ丸暗記テスト …………194
- 90 お手伝い暗唱 …………196

一緒に考えるあそび
- 91 算数ジャンケン …………198
- 92 20でドカン …………200
- 93 パズルでクイズ …………202
- 94 教科書ウォーリーを探せ …………204
- 95 九九の関所 …………206

ゴールを目指す音読あそび
- 96 ダウト …………208
- 97 間違い音読 …………210
- 98 ものまね音読カード …………212
- 99 音読で椅子のぼり …………214
- 100 テスト読み …………216
- 101 音読もぐら …………218

Chapter 1
1人ひとりの子どもをつなげるコミュニケーションあそび

コミュニケーションの基本は、聞くことから始まります。教師や友だちの言葉にグッとひきつけ、関心をもたせましょう。話し合いたくなるあそび、聞きたくなるあそびを紹介します。

★ 聞く力を育てるあそび
★ 関わり合う力を育てるあそび
★ 話し合う力を育てるあそび
★ 気持ちを伝える力を育てるあそび

聞く力を育てるあそび-①

1 指何本？
先生に注目！　話し手の目を見ながら話を聞く

ねらい　パッと出される指の数を当てるゲームです。子どもたちは「次は何が出るのだろう？」と楽しみにしながら話を聞くようになります。

あそびかた

はじめのことば
今から「指何本？」というあそびをします。
よ～く見ておかないと、正解することができませんよ。

1 指を立てながら説明する。

先生がいきなり指を立てます。いつ立てるのかは分かりません。何本立てたか当てることができたら合格です。

2 試しにやってみせる。

練習してみましょう。今日は2時間目に体育があります。着替えて、体育館に集合しましょう（指を2本立ててみせる）。

分かった！

何本立てていましたか？

2本です！

正解！　合格です。

3 授業をしながら、次々に指を立てる。

先生: 明日の算数の授業では、三角定規を使います（指を立てる）。分かった人？

えっと……。

分かった！

先生: 何本ですか？

5本です！

先生: 正解！　よく見ていますね！

P ＋ワンポイント

「今のは何本でしたか？　分かった人みんなで言いましょう、さん、はい！」「3本！」「今、答えられた人は手を挙げましょう。すばらしい！」というように声をかければ、当ててもらえない子も不満を感じることがなくなります。

4 ふりかえりをする。

先生: 今、先生のほうをじーっと見て話が聞けているよね。こうやって集中して聞いてくれていると、先生はとても話しやすいよ。いつも、こういう聞き方ができるようになるといいですね。

もっと夢中にさせる コツ

- 両手を同時に出したり、親指と小指を立てたりするなど、徐々に難しくするといいでしょう。
- 指だけではなく、胸ポケットから写真を取り出して、「今の写真に写ってたの、な〜んだ？」と聞いても盛り上がります。写真は、子どもが好きな流行りのキャラクターや芸能人などがいいでしょう。

聞く力を育てるあそび-②

2 落ちた落ちた
何て言っているのかな？ 言葉をよ〜く聞き取る

ねらい 教師の言葉を聞き取り、決まった動作をするあそびです。話している人の言葉を注意して聞く力が育ちます。

あそびかた

先生

はじめのことば
「落ちた落ちた」というあそびをします。
先生の言葉をよく聞かないと、間違えちゃいますよ。

1 言葉とポーズについて説明する。

りんご　げんこつ　かみなり

先生が今から「落ーちた落ちた」と言います。みんなは手拍子をしながら、「なーにが落ちた」と返します。先生が「りんご」と言ったら手を前へ、「げんこつ」と言ったら手を頭の上へ、「かみなり」と言ったら手をおへそに当てます。

2 教師が動きで見本を示しながら、座ったまま練習。

先生
練習してみましょう。はじめはゆっくりやりますね。落ーちた落ちた。

なーにが落ちた。

先生
りんご！

わあ〜！

3 慣れてきたら本番。少しずつテンポを上げる。

先生:「それでは本番です。全員起立！ 間違えたら座りましょう。落ーちた落ちた！」

「なーにが落ちた！」

先生:「かみなり！」

「キャー」

「キャ〜」

🚩 ＋ワンポイント
最後のほうは「先生は、言ったことと違う動きをするよ。だまされないように気を付けてね」とすれば、さらに盛り上がります。

4 残っている人が少なくなってきたところで終了。

先生:「最後まで残れた人たちに、拍手！ みんな、こんな早口で言っていたのに、よく先生の言葉を聞き取れていたね。すばらしい！ 「落ちた落ちた」は終わるけど、今みたいに話を聞いてサッと動くことができるかな。いくよ。全員、起立！」

もっと夢中にさせるコツ

- ほかにも次のようなお題と動きでやるといいでしょう。
  （例）おすし→「両手で握る」、ゴキブリ→「プシューとスプレーを吹きかける」、ほうき→「両手でキャッチする」、めがね→「両手で装着する」など。
- お題を与えて、子どもに動きを考えさせても面白いです。

聞く力を育てるあそび-③

3 好きですか嫌いですか
「へえ～！」「おお～！」 人の言葉にリアクションを返す

ねらい 人の反応を見ることで、答えが何なのかを考えるあそび。人の話を聞くときに反応を返す力が身につきます。

あそびかた

はじめのことば
先生：これから「好きですか嫌いですか」というあそびをします。できるだけ大げさに反応しましょう。

1. 教卓の前に椅子を1つ用意し、座る人を1人決める。

先生：ここに1人座ってもらいます。Aくん、手伝ってください。

はい！

2. 教師が黒板に絵を描き、ルールを説明する。

先生：Aくんは、黒板のほうを見てはいけません。顔はみんなのほうへ向けたまま。ほかのみんなは、何が描かれているのかをAくんに教えてはダメですよ。先生がAくんに質問をします。Aくんは、それに対して適当に答えてください。ほかのみんなは、その答えを聞いて「おお～」とか「ええ～」などと反応を返します。Aくんは、みんなの反応を見て、何が描かれているのかを当てます。

3 教師が座っている人に質問をする。

先生：では、やってみましょう。Aくんは、これが好きですか？ 嫌いですか？

好きです。　ええ〜！

先生：これを見たことはありますか？

はい　おお〜！

エ〜ッ

P ＋ワンポイント
子どもにも質問をさせるようにします。「ギリギリ分かるか分からないかくらいの質問がいいね！」と呼びかけると、良い質問を考えるようになります。

4 ある程度質問をした後、前に座っている人は考えて解答する。

先生：2回まで答えを言うことができますよ。そろそろ答えが分かったかな？

ゴキブリ！　先生：正解！

（3回程度終えてから）

先生：今日みたいな反応ができると、発表する人は安心して話すことができます。これからも、その反応を続けましょうね。

もっと夢中にさせる コツ

- テーマは、次のようなものがいいでしょう。
  （例）りんご、キリン、おばけ、椅子、校長先生、担任の先生、ドラえもん、アンパンマン、バッタ、カラス、消しゴムなど
- 面白い質問をすれば、ますます盛り上がります。
  （例）「これはあなたの家にいますか？」「これはあなたの兄弟ですか？」「これと一緒に遊んだことはありますか？」「これを踏んだことはありますか？」「もしかして、この教室にありますか？」

聞く力を育てるあそび-④

4 聖徳太子ゲーム
何て言っているの？ 人の発言を集中して聞く

ねらい 重なる言葉を聞き取るあそびです。友だちの声を聞き取ろうと必死になり、集中力がアップします。

あそびかた

先生
はじめのことば
聖徳太子は、一度に10人もの人の話を聞くことができたそうです。今日は、そんな聖徳太子になってみましょう。

1 見本を見せながら、ルールを説明する。

先生
AくんとBさん、手伝ってください。
せーの。み！

ん！ か！

先生
今、1人1文字ずつ言いました。つなげると、ある言葉になります。何という言葉になるのか分かりますか？

分かった、みかん！ 正解！
先生

2 班で問題を考える。

先生
それでは、班で問題を考えてみましょう。

4人だから4文字か……。

カナブンとかどうかな？

じゃあ、僕が「ブ」を言うよ。

3 1班ずつ教室の前方に立って発表。

では、問題を出し合いましょう。
1班から、どうぞ。
先生

せーの！ や！ き！

た！

P ＋ワンポイント

答えが分かりにくければ、「はい、右側の2人だけ言ってみよう！」「次は左側の2人！」などと人数を限定して言わせるようにすれば、聞き取りやすくなります。

分かった、たこやき！

正解です。

4 すべての班が発表し終わったら終了。

同時に話を聞き取るって、なかなか難しいね。でも、よく聞くことができていました。聖徳太子に1歩近づきましたね。
先生

もっと夢中にさせる コツ

● 知らない言葉を考えようとする班があります。「みんなが知っている言葉にするんだよ」と、あらかじめ注意しておきましょう。
● いつまでも問題が決まらない班には、「こんな言葉もあるよ」とこっそりアドバイスするといいでしょう。

聞く力を育てるあそび-⑤

5 嘘の思い出だ〜れだ？
嘘をついているのは、だれ！？　友だちの思い出話を聞く

ねらい 友だちの1人が嘘の思い出話をします。だれが嘘をついているのか考えるために、よく注意して話を聞くようになります。友だちの思い出を知るきっかけづくりにもなります。

あそびかた

先生

はじめのことば
「嘘の思い出だ〜れだ？」というあそびをします。友だちの嘘を見抜くことができるでしょうか？

1 ルールを説明する。

先生

前に3人が出てきて、お休みの間にしていたことを話します。1人が嘘をついています。聞いている人は、誰が嘘をついたのか当てましょう。それでは、前に出たい人？（3人指名）ほかの人は、顔を伏せましょう。

2 3人はこっそりジャンケンをして、嘘をつく人を決める。

　よし、じゃあ僕が嘘をつくよ。

　オッケー！

3 1人ずつ発表。

先生
> それでは顔を上げましょう。1人ずつ発表してもらいますよ。

> 遊園地に行って、ジェットコースターに乗りました。こわいけど、楽しかったです。

> キャンプに行ってバーベキューをしました。肉がとってもおいしかったです。

🚩 **＋ワンポイント**

「終わったら、1人に1回ずつ質問ができます。○さんに質問したい人?」と質問時間を設けてもいいでしょう。嘘をついている子がしどろもどろになることもあり、盛り上がります。

> おばあちゃんと一緒にバンジージャンプをしました。とても高くてこわかったです。

先生
> これは超難問ですねえ……。

4 正解を発表。

先生
> では、だれが嘘をついていると思いますか。Aさんだと思う人?(1人ずつ聞いていく) 正解は、この人です。せーの、ドン!(嘘をついていた子どもが手を挙げる) 当てることができた人、すごい! 前に出てくれた3人に、拍手を送りましょう。

もっと夢中にさせるコツ

- 「今度は2人が嘘をつきます。1人だけ本当のことを言います。本当のことを言っている人を当てましょう」と逆バージョンにしてもいいでしょう。
- 低学年の子には、嘘の思い出を紙に書いて見せてあげるといいでしょう。覚えられるように1~2文にしましょう。

関わり合う力を育てるあそび-①

6 おにぎり・やきそば・プリン！
どっちが消しゴム取れるかな？　友だちと競い合う

ねらい　ペアの子同士で関わりを深めることのできるゲームです。体の接触がないのでハードルが低く、取り組みやすいです。ペアあそびを始める前などに最適です。

あそびかた

はじめのことば
「おにぎり・やきそば・プリン！」というあそびをします。
となりに座っている人と勝負です。
反射神経の良い人が勝ちますよ。がんばりましょう！

1 ルールを説明する。

「おにぎり」と言われたら右手を挙げて「オー！」。「やきそば」と言われたら左手を挙げて「ヤー！」と言います。プリンと言われたら、2人の間の消しゴムを取りましょう。先に消しゴムを取ったほうの勝ちです。

2 練習しながらルールを理解させる。

では、練習してみましょう。
おーに・ぎり！

オー！

やーき・そば！

ヤー！

プリン！

わっ！

3 いざ、本番。

先生: ここからが本番です。5回勝負。消しゴムを多く取ったほうが勝ちです。

先生: おーに・ぎり！
 オー！

先生: やーき・そば！
 ヤー！

先生: おーに・ぎり！
 オー！

先生: やーき・そば！
 ヤー！

先生: プリン！
 わ〜、勝った〜！

＋ワンポイント

いきなり大きい声で言ったり、あえてボソッとつぶやいたりすると、つい消しゴムを取ってしまいそうになり、盛り上がります。ひたすら「やーき・そば」「やーき・そば」と連呼してもいいです。

4 勝敗の結果を尋ねる。

先生: となりの人との勝負に勝った人？よくがんばりました。すごい反射神経だね。これで「おにぎり・やきそば・プリン！」のあそびを終わります。

もっと夢中にさせる コツ

- 盛り上がって「わ〜」と騒いでしまうこともありますが、お構いなしで「おーに・ぎり！」「オー！」と次の勝負を始めてしまいましょう。子どもは慌てておしゃべりをやめてゲームに加わります。
- 慣れてきたら「イカヤキ」を入れてもいいでしょう。両手でグーサインをつくり、「イェーイ！」と前へ突き出します。

関わり合う力を育てるあそび-②

7 キーワードキャッチ
話を聞いて指をキャッチ！ 友だちと触れ合う

ねらい キーワードを聞き取り、友だちの手を握るあそびです。友だちと手が触れ合うので、自然と距離が近づきます。席替えの後など、新しい関係づくりにもおすすめです。

あそびかた

先生

はじめのことば
「キーワードキャッチ」というあそびをします。両手を同時に動かさないといけないから、ちょっとだけ難しいですよ。

1 指の形を説明する。

先生

右手は人差し指を立てます。左手はオーの形にしましょう。となりの人と向かい合って、左手のオーの輪の中に指を差し込みましょう。

2 友だちと指を入れ合いつながる。

先生

今から、先生が昔話をします。色が出てきたら、左手にある友だちの指をギュッと握り、自分の右手の指は抜きましょう。キャッチして抜くことができたほうの勝ち。

3 教師が昔話に色を入れて話す。

先生

それでは、やってみましょう。おばあさんが川で洗濯をしていると、どんぶらこ、どんぶらこと、桃が流れてきました。桃を持って帰ると、おばあさんは灰色の……包丁で桃を切りました。

わ～！

先生 中から出てきたのは、小さい犬でした。おばあさんは、その犬に桃太郎と名付けました。犬は日に日に大きくなり、最後には金色に……輝くようになりました。

P ＋ワンポイント
色が出てきそうなところで出さなかったり、ボソッとさりげなく色を言ったりすると盛り上がります。

あっ！

先生 良い反射神経ですね！

4 勝敗の結果を尋ねる。

先生 では、結果を確認します。勝った人？ 負けた人？ 引き分けの人？

勝ったよ！

先生 よくがんばりました。

もっと夢中にさせるコツ

- ペアに慣れてきたら、班で輪になってやるのもいいでしょう。
- 昔話は即興的に作るとスムーズです。桃太郎のほかにも、浦島太郎や猿カニ合戦など、子どもたちも知っているような有名な昔話を面白おかしく作り変えましょう。内容は、ムチャクチャでも大丈夫。思いつくままに話しましょう。

関わり合う力を育てるあそび−③

8 鉛筆サークル
鉛筆の輪っかができるかな？　友だちと協力して達成感を味わう

ねらい　鉛筆で輪をつくるあそびです。友だちと協力してやりとげることにより、一体感と達成感が味わえます。

あそびかた

先生

はじめのことば
「鉛筆サークル」というあそびをします。友だちとのチームワークが試されますよ。うまくできるかな？

1 鉛筆の挟み方を説明する。

先生

自分の指ととなりの人の指で鉛筆を挟んでつながり、班の人全員で輪をつくります。鉛筆を落とさずに輪ができたら合格です。

2 見本を見せる。

先生

見本をやってみますね。だれか先生とやってくれる人？

はい！

先生

ではAくん、Bさん、Cくん。一緒にやりましょう。鉛筆を持ってきてください。せーの。

おお〜！

先生
このようにやります。

3 班の人と協力して挑戦する。

先生:では、班の人とやってみましょう。

ああっ、落としちゃった。惜しいな！

もう1回やってみよう！

P ＋ワンポイント

できた班には、「そのまま上へ上げたり、下ろしたりしてみましょう」と、さらに難しい課題に挑戦させます。

4 すべての班が成功したら終了。

先生:はい、やめ。
輪っかができた班はありますか？

できました〜！

先生:やるねえ。すごい！
良いチームワークですね。

もっと夢中にさせるコツ

- 班で活動するのが難しい場合は、先にペアでやってみるといいでしょう。
- どの班もできたならば、次は学級全員でやってみるのも面白いです。教室中央の机を囲むようにして立ち、輪になってつながります。

関わり合う力を育てるあそび-④

9 思い出バスケット
どんな思い出ができたのかな？　思い出をふりかえりながら楽しむ

ねらい　友だちの思い出を知るとともに、友だちと仲良く関わる力を育てます。長期休みの後にやれば、盛り上がること間違いなし。

あそびかた

はじめのことば
先生：休みの間、どんなことがあったのかな。今から、思い出をつかったあそびをします。

1 はじめに立つ人を決める。

先生：前に立つ人を1人決めます。立ちたい人？

はい！

先生：では、Aくんの椅子は抜いておきましょう。

2 あそび方を説明する。

先生：今から前に立つ人は「山へ行った人」「車に乗った人」などお題を発表します。当てはまる人は立ち上がり、空いている席へ座ります。座れなかったら、アウト！　前へ立って、次のお題を発表しましょう。

3 前に立つ人がお題を発表。

先生:「では、やってみましょう。3回アウトになると罰ゲームですよ。」

「試合へ出た人！」 「わ〜！」

「パンを食べた人！」

「急げ〜！」

「おばあちゃんの家へ行った人！」

P ＋ワンポイント
「"思い出バスケット"と言われたら、全員動くよ」と伝えます。何を言えばいいのか思い浮かばずモジモジしている子がいるときには、このルールを使うように言ってあげましょう。

4 あそびを終了。

先生:「はい、終わり。みんな、お休みの間にいろいろなことをしているのですね。またどんなことがあったのか、教えてくださいね。それでは、自分の席へ戻りましょう。」

もっと夢中にさせるコツ

- 思いつかない子には、「やったこと、行ったところ、食べた物などから考えてみるといいよ！」と助言してあげるといいでしょう。
- 聞き取れないほど小さな声の場合は、「ストップ！　もう一度、大きな声で言ってごらん」とやり直しをさせましょう。
- あそびを終えた後は、ランダムな席に座っていることになります。「今、となりにいる人と休みの間の思い出を伝え合ってみましょう」とすれば、普段関わることのない友だちと仲を深めるきっかけがつくれます。

関わり合う力を育てるあそび-⑤

10 たましいのあくしゅ
ギュッギュッギュッ！ 友だちとの握手を楽しむ

ねらい 友だちと握手するあそびです。普段あまり関わることのない友だちとも触れ合いを楽しむことができるアクティビティです。

あそびかた

先生
はじめのことば
「たましいのあくしゅ」というあそびをします。心と心を通わせなければ成功できませんよ。

1 手の握り方を説明する。

先生
「たましいのあくしゅ」と言った後に、1〜3回手を握ります。握った回数が同じならOK。違っていたら、もう1度チャレンジします。

2 となりの人とやってみる。

先生
全員起立。まずは、となりの人とやります。成功したら、ハイタッチして座りましょう。

 たましいの　あくしゅ

 やったあ、ぴったり！

 イエーイ！

3 立ち歩いて、いろいろな友だちとやる。

先生：では、歩き回っていろいろな友だちとやってみましょう。成功したらハイタッチして次の人へ。1分間計ります。何人の人とできるかかぞえてみましょう。全員、起立。用意……始め！

＋ワンポイント
相手を見つけることができない子には、「あの人が空いているよ。行ってごらん」と声をかけるようにします。

たましいの　あくしゅ！

ああ、おしい！

もう1回！　たましいの　あくしゅ！

やったね！

4 握手した人数を確認する。

先生：何人の人とできましたか？
1人？　2人？　3人？　4人？
5人？　それ以上の人？

僕は7人！

私は9人！

先生：うわ～、すごい！　たくさんの人と心を通わせることができましたね。

もっと夢中にさせるコツ

- 慣れてきたら、1～5回手を握るようにします。難しくなり、盛り上がります。
- 友だちと触れ合うあそびなので、ほかのあそびでクラスの空気をあたためてから行うといいでしょう。

話し合う力を育てるあそび-①

11 昔話リレー
「むか〜しむかし、あるところに……」友だちと話を創作する

ねらい 友だちと１つの物語を作るあそびで、空想を広げて楽しめます。１文ずつ発表し合うため、話し合い活動の基礎力を養うことにもつながります。

あそびかた

はじめのことば
話し合いの準備運動をしましょう。
となりの人と１文ずつ交替して昔話を作りましょう。

1 ジャンケンで勝ったほうから昔話を話す。

試しにやってみましょう。Ａくん、出てきてください。ジャンケンをして、勝ったほうから昔話を話します。
むかしむかしあるところにおじいさんとおばあさんがいました。

2 負けた人が続きを考える。

Ａくん、続きを考えてください。

おばあさんが山へ芝刈りに行きました。

おばあさんが山で芝刈りをしていると、ゴロゴロ……と大きな桃が転がってきました。このように、自分たちで昔話を作ります。面白い昔話を２人で考えてみましょう。

3 となりの人と昔話を作る。

先生：では、となりの人とやります。始め！

むかしむかしあるところにおじいさんとおばあさんがいました。

おじいさんは山へマツタケを探しに行きました。

おじいさんは金色に光るマツタケを見つけました。

＋ワンポイント

全体の雰囲気を見ながら、3分程度で区切るといいでしょう。「次は前後の人とやるよ」など2人組を変えれば、新しい昔話作りを楽しむことができます。

4 ふりかえりをする。

先生：楽しい昔話を作ることができましたね。話し合いのときは、どちらか一方ばかりが話しているようではいけません。これから行う活動でも、今やったのと同じくらい2人で交互に話し合えるといいですね。

もっと夢中にさせるコツ

● 1文目を変えれば、何回でも楽しむことができます。次のような文がいいでしょう。
 （例）・浦島太郎が、いじめられているカメを見つけました。
 　　 ・おじいさんが、光る竹を見つけました。
 　　 ・おじいさんは、おむすびを落としてしまいました。
 　　 ・赤ずきんという女の子がいました。
 　　 ・むかしむかし、ウサギとカメが山の上まで競争することになりました。
 　　 ・3匹の子ブタが家をつくりました。
 　　 ・寒い夜の中、マッチ売りの少女が歩いていました。
 　　 ・ある国のお城に白雪姫が住んでいました。

話し合う力を育てるあそび-②

12 「でも！」「でも!!」 友だちと意見を戦わせるあそび
でもでもバトル

ねらい お互いに「でも」で反論し合うあそびです。友だちと意見を戦わせることにより、理由や根拠を考える力を育てます。

あそびかた

先生

はじめのことば
話し合いの準備体操として「でもでもバトル」をします。言葉と言葉で戦いましょう。となりの人と勝負です。

1 見本を見せながらルールを説明する。

先生

（あらかじめ黒板にお題を3つ書いておく）相手の発言に対して、「でも」と言い返します。言い返されたことに対して、さらに「でも」と返します。見本をやってもらいましょう。Aさん、手伝ってください。ジャンケンポン。Aさんから始めましょう。

1年中夏休みがいいよね。

2 負けた人が続きを考える。

先生
でも、頭が悪くなっちゃうよ。

でも……。

先生
5、4、3、2、1……ブー。5秒言えなかったらアウトです。終わったら黒板を見て、次のお題に挑戦します。負けた人から話しましょう。

3 となりの人と勝負。

 先生：では、となりの人とやってみましょう。

：1年中夏休みがいいよね。

：でも、友だちに会えないよ。

：でも、電話して会えば遊べるよ。

：でも……。

：5、4、3、2、1、勝った〜！

：やられた！　次のお題は負けないよ！

▶ ＋ワンポイント

「絶対負けない自信のある人はいますか？」と尋ねて2人を指名し、みんなの前で勝負させれば、反論する言葉が思い浮かばない子に具体的なイメージをもたせることができます。

4 あそびを終了し、まとめる。

先生：高学年になると、討論の授業をします。これは、論で討つと書きます。言葉で戦うのです。それには、相手が言い返すことのできないような「理由」を考えることが大切なのです。今のうちから、理由を説明する力を身につけていくといいですね。

もっと夢中にさせるコツ

● ほかにも次のようなお題があります。
　（例）・飼うなら犬より猫だよね。　・宿題なんていらないよね。
　　　　・ジュースって最高だよね。　・お化けなんていないよね。

話し合う力を育てるあそび-③

13 ここは何屋さんですか？
どんなものを売っているの？　友だちと質問し合うあそび

ねらい お店屋さんになりきって質問をし合うあそびです。質問の良さに気付くことができます。話し合い活動のウォーミングアップにも最適。

あそびかた

はじめのことば
八百屋さん、魚屋さん、家具屋さん……お店屋さんはたくさんありますね。今日は、お店屋さんになりきるあそびをしましょう。

1 見本を見せながらルールを説明する。

まずは見本を見せます。Aくん、出てきてください。となりの人とジャンケンをして負けた人から、こう質問をします。ここは何屋さんですか？

ここは何屋さんですか？

2 お店屋さんに5つの質問をする。

 八百屋さんです。

 何を売っていますか？　 野菜です。

 おすすめの野菜は？　 バジルです。

 バジルは、いくらですか？　 1000円です。

 高いですね。いつとれたのですか？　 昨日の朝です。

34

このように、5つの質問に答えられたら合格！ 5秒以内に答えられなければアウト。終わったら交替します。

3 となりの人とあそびを開始。

では、となりの人とやってみましょう。

ここは何屋さんですか？

たい焼き屋さんです。

＋ワンポイント
いくつ質問をしたか忘れてしまう子には、「指を1本ずつ立てながら質問すればいいよ」とアドバイスしましょう。

どんなたい焼きを売っているのですか？

ええっと……。

5、4、3、2、1……アウト！

負けた〜。交替！

4 ふりかえりをする。

はい、そこまで。質問すると、今まで知らなかった情報を知ることができます。人の話を聞くときは、今のように、いくつかの質問ができるといいですね。

― もっと夢中にさせる コツ ―
● いくつかのお店の例を黒板に板書しておけば、なかなか思いつかない子もその中から選ぶことができます。

話し合う力を育てるあそび-④

14 共通点3つ探し
お休みの間、何してた？　友だちと思い出を話し合う

ねらい　休みの日にしたことを出し合って、お互いの共通点を見つけるあそびです。共通点を探すためには全員が発言する必要があり、話し合いに参加せざるを得ません。グループでの話し合いが一部の子に偏りがちなときに効果的です。

あそびかた

はじめのことば
お休みの間は、元気に過ごしていましたか？
「共通点3つ探し」というあそびをしましょう。
先生

1 ルールを説明する。

班の人と休みの日にしたことの共通点を3つ探します。まず班長が中心になって聞きます。お休みの間、何してた？
先生

2 見本を見せる。

 ― 私は動物園に行った。　 ― 僕は行ってない。

 ― 私はスーパーへ買い物に行ったよ。

 ― 僕も行った。

よし、これで1つ！　このように共通点を見つけます。3つ見つかったら、ハイタッチして座ります。
先生

3 班で中心を向き、話し合い活動を開始。

先生：全員起立。始め！

ねえ、お休みの間、何してた？

お出かけしたよ。

僕は映画を観に行った。

僕は習い事に行ってた。

じゃあ、みんな、もしかして車に乗った？

乗った！

これで共通点1つだね。やったあ！

P +ワンポイント
3つ見つけた班は、座ってから、さらにいくつの共通点を見つけられるか、探し続けるようにします。

4 あそびを終了。

先生：どの班も3つ見つけられましたね。人と仲良くなる方法は、「共通点を見つける」ことです。友だちと話すときには、「この人との共通点はないかな？」と考えてみるといいかもしれませんね。

― もっと夢中にさせる **コツ** ―

● 何も共通点が思い浮かばず、ぼんやりと立ったままの班には、「自転車に乗った人は？　よ〜し、これで1つだ！　あと2つは、がんばって見つけてごらん」と少しだけ教師がリードします。

Chapter 1　1人ひとりの子どもをつなげるコミュニケーションあそび

話し合う力を育てるあそび-⑤

15 鉛筆対談
おしゃべり禁止！ 友だちと文面だけで思い出を伝え合う

ねらい 友だちと紙の上で思い出を伝え合うあそびです。一切話さずに、鉛筆で書く言葉だけでやりとりを楽しみます。長期休み明けの月曜日の朝などに。

あそびかた

はじめのことば
「鉛筆対談」をします。筆記用具を用意しましょう。

1 紙を配り、ルールを説明する。

今から、紙を配ります。となりの人と休みの間にあったことを伝え合ってもらいます。一切おしゃべりをせずに、すべて鉛筆で書いて伝えます。

2 黒板に縦長の四角形を書き、書式を説明する。

1番上の部分に、2人の名前を書きます。交替しながら文を書いていきます。文のはじめには、丸で囲んで1文字だけ名前を書きます。田中くんなら田を○で囲む。山田くんなら山を○で囲む。

3 となりの人と鉛筆で対談する。

それでは、ジャンケンで勝った人から書きます。では、始め！

　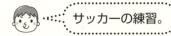

お休みの間、何してた？　　サッカーの練習。

何時間ぐらい？　　4時間。

 たいへんだね。私はお買い物に行ったよ。

何を買ったの？

ワンピース。　　新しい服か。いいね。

マンガだよ。

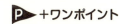

＋ワンポイント

「簡単な絵で伝えるのもOKだよ！」と呼びかけると、子どもたちは絵でも表現します。

4　5分間ほどたったら終了。

先生：はい、やめ。いろいろな思い出を伝え合えたね。楽しくできましたか？

楽しかった〜！

先生：また休み時間や給食の時間などに、詳しく話を聞いてみるといいですね。それでは、紙を集めましょう。

もっと夢中にさせるコツ

● 「どんな鉛筆対談をしたのか、班の人と紙を交換してみましょう」とすれば、班の中で思い出を伝え合うこともできます。

気持ちを伝える力を育てるあそび-①

16 あっ、分かった！ 友だちの変化を探して発表する
人間間違い探し

ねらい 友だちの変化を見つけるあそびです。面白おかしい間違いを見つけると、普段手を挙げない子も笑いながら挙手してしまいます。手を挙げたくなる雰囲気ができあがります。

あそびかた

先生

はじめのことば
今日は、間違い探しをします。
ただの間違い探しではありません。「人間間違い探し」です。

1 前に出る人を決める。

先生

1人、前へ出てきてもらいます。その人の3か所が変わります。ほかの人たちは、その間違いを見つけましょう。
前に出たい人？（挙手・指名）
では、Aくん。それでは、Aくんの姿をしっかりと覚えましょう。

2 覚えられたら、顔を伏せる。

先生

いいですか？
もう覚えられましたか？
それでは、顔を伏せましょう（教師は子どもの3か所を変化させる）。

3 顔を上げ、間違いを探して発表する。

 先生:「3か所の間違いです。難しすぎるかな？ さあ、顔を上げましょう！」

:「見つけたー！！」

 先生:「分かった人は、手を挙げましょう。えっ、こんなに難しいのに……みんな、よく分かるねえ。」

:「簡単だよ！」

＋ワンポイント

間違いとして、次のような違いをつくるといいでしょう。
（例）服を前後ろ逆にする、上着を脱ぐ、上靴を片方だけ脱ぐ、靴下を片足だけ脱ぐ、教師の腕時計をつける、教師の上着を着る、教師の名札をつける、変な帽子をかぶる、変なカツラをかぶる、名札を右ではなく左につける、名札が変なバッジになる、名札をとってしまう、など。

4 あそびを終了。

 先生:「では、これで人間間違い探しを終わります。普段手の挙がらない人も、挙げて発表していましたね。みんなの成長を感じましたよ。」

もっと夢中にさせるコツ

● 前に立つ人を2人、3人と複数にしても盛り上がります。その場合は、3人の着ているものや名札を交換します。

気持ちを伝える力を育てるあそび-②

17 「りんご！」「ゴリラ！」 体いっぱいつかって思いを伝える
ジェスチャーしりとり

ねらい 体の動きをつかってしりとりをします。簡単な言葉でも、体で表現するには工夫が必要です。友だちと楽しく交流することができます。

あそびかた

先生：
はじめのことば
しりとりをします。ハイレベルなしりとりです。その名も「ジェスチャーしりとり」です。

1 見本を見せながらルールを説明する。

先生：体の動きで言葉を表してしりとりをします。決して話してはいけませんよ。Aくん、先生と見本をやりましょう。りんごからスタートします。

先生：（りんごをかじる動き）

（胸をたたいてゴリラの動き）

先生：（ラッパを吹く動き）

（パンツをはく動き）

2 しりとりの答え合わせをする。

先生：はい、やめ。やめの合図がかかると、これまでの答え合わせをします。最後まで全部きちんとつながっていればOKです。

まずは、りんごだったね

次はゴリラです

42

3 となりの人とあそびを開始。

先生: それでは、となりの人とやってみましょう。ジャンケンで負けた人がりんごです。始め！

（りんごをかじる動き）

（ゴマをする動き）

P +ワンポイント
一区切りがついたときに、「この2人のしりとりがすごかったよ！」と良い見本を見せるといいでしょう。

4 あそびを終了し、ふりかえりをする。

先生: はい、やめ。では、しりとりの言葉を確認しましょう。

はじめはりんご。次がゴマだったよね！

そう！

先生: きちんとしりとりになっていたペアはいますか？　今のように体で表現することを、ボディーランゲージと言います。言葉で説明する上に、体も動かすことができれば、さらに分かりやすくなりますよ。

もっと夢中にさせるコツ
- 2人組が基本ですが、班など4人組でやっても盛り上がります。

気持ちを伝える力を育てるあそび-③

18 目線ビーム
見ていなければ「ドカーン!」 聞き手の目を見ながら話す

ねらい 聞き手の目を見なければアウトになってしまうあそびです。発表するときに、聞き手全体を見渡すクセを身につけることができます。

あそびかた

はじめのことば
「目線ビーム」というあそびをします。目からたくさんビームを飛ばしましょう。

1 班の役割を決める。

班で行います。話す人が1人。ほかのみんなは聞く人です。話す人は、班の人たちに向かって好きな食べ物と理由を言います。聞く人は、右手を上げておきます。

2 手の上げ下げについて説明する。

聞く人は、時間がたつとともに手を下ろしていきます。5秒で机につくくらいのスピードです。手が机へつきそうになれば、「ピピピ……」と言って合図をおくります。手が机についてしまえば「ドカーン!」と爆発します。ただし、発表者の目からビームが出ています。聞く人は、このビームを受けたら手を上げ直します。

3 班ごとに班長から順番に話す。

先生
> それでは、班の中心を向きましょう。班長から時計回りの順で話します。始め。

> 私の好きな食べ物は、きなこもちです。なぜかというと……。

P ＋ワンポイント
早く手を下ろしてしまう子には、「5秒で机につくくらいだよ。もう少しゆっくり！」と声をかけます。

4 すべての班が終わったら、あそびを終了。

先生
> はい、やめ。爆発せずにクリアできた人？　すごい！　話をするときは、伝えたい相手を見て話をすることが大切です。普段の発表でも、今みたいに人の目を見ながら話すことができるといいですね。

もっと夢中にさせるコツ

- 短めの詩でやるのも効果的です。教科書に目を落としていると爆発してしまうので、暗唱しようと努力するようになります。
- ほかにも次のようなテーマで取り組むといいでしょう。
  （例）お気に入りの場所、好きな動物、好きなおやつ、好きなあそび、好きな飲み物、苦手な物、家の中で1番落ち着く場所、尊敬する人、無人島に1つだけ持っていく物

気持ちを伝える力を育てるあそび-④

「1！」「2！！」「3！！！」順番を守って発言する
1から10まで言えるかな

ねらい 人の目や体の動きを見て、立ち上がろうとしているかどうかを読み取ります。発表する順番の譲り合いを意識できるようになります。

あそびかた

先生

はじめのことば
「1から10まで言えるかな」というゲームをします。みんなで気持ちを1つにして、早くクリアできるようにがんばりましょう。

1 見本を見せながらルールを説明する。

先生

班の中央を向いて座り、数字を言いながら「1」「2」「3」と立ち上がって座ります。だれかとだれかが同時に数字を言ってしまうとアウト。また1から数え直します。10まで言えたら合格です。2班の人たちに見本を見せてもらいましょう。

先生

ストップ。3が重なってしまったので、アウトです。アウトになったら、もう一度1からスタートです。

2 班ごとに練習。

先生

まずは、班で練習してみましょう。

3 慣れてきたら、一斉にタイム計測。

 それでは、いよいよ本番です。制限時間は30秒！ よーい、始め！

（中略）

P +ワンポイント
10までクリアできた班には、さらに10以上どこまでできるか挑戦させます。

4 制限時間がきたら終了。

 はい、やめ。クリアできた班は手を挙げましょう。すごいね！ 自由に立ち上がって意見を発表するときでも、今のようにまわりの人の様子を意識できるといいですね。

もっと夢中にさせるコツ

● 自分勝手に立ち上がる子がいる場合は、「自分が立ちたいときに立っているようではダメです。ほかの人の目をよく見て、タイミングよく立つのですよ」と声をかければ考えるようになります。

気持ちを伝える力を育てるあそび-⑤

20 発表回数チャレンジ

「ガンガン発表!」「ドンドン発言!」発表するのが慣れっこになる

ねらい 班の中で1人ずつ発表し、その回数を競います。みんなの前で発表するのを恥ずかしがる子も、少人数の中でなら大丈夫。勢いにのって発表することができます。

あそびかた

先生

はじめのことば
今から、発表の練習をします。班の中で発表してみましょう。

1 班長が教師の役をする。

先生

班長は手を挙げましょう。あなたたちは、今から教師です。教師になりきって、班の人を当てましょう。班の人たちは、きちんと立ち上がって「はい、○○です!」と答えます。班長は、発表の回数を数えます。1分間で、もっとも発表の回数の多い班が優勝です。

2 見本を見せてイメージをもたせる。

先生

3班、見本を見せてください。
テーマは「甘い食べ物」です。

甘い食べ物と言えば何ですか? Aくん。

はい、ケーキです。

3 班ごとに発表を開始。

先生: それでは、やってみましょう。班長起立。用意、始め！

甘い食べ物と言えば何ですか？　Bさん。

はい、イチゴです。

はい、ボンタンアメです。

＋ワンポイント
「残り30秒！」「10秒！」とカウントダウンすると、子どもたちは急いで発表しようとがんばります。

4 回数を確認してから、あそびを終了。

先生: それでは、班長は回数を発表しましょう。（全班発表を終えてから）26回の4班が優勝です！　拍手〜！　みんなしっかり手を挙げて発表できていました。クラス全体でも、今のように手を挙げて発表できるようになれるといいですね。

もっと夢中にさせるコツ

- 「〜と言えば何？」のお題は、次のようなものが答えやすいでしょう。
  （例）辛い食べ物、すっぱい食べ物、おいしい給食、お弁当に入っているとうれしい物、冷たいジュース、温かい飲み物、お菓子、赤色の物、四角い物、漫画、テレビアニメ、このクラスの良いところ、運転してみたい乗り物、今ハマっていること、しゃっくりの止め方、1億円あったらしたいこと
- ほかにも「このグラフを見て気付いたこと」「絵を見て思ったこと」などのテーマにすれば、そのまま授業へつなげることができます。

Column 1
学級あそび5つのポイント

①テンポとリズムを良くする
　学級あそびは、テンポとリズムが命です。長々と1つの遊びをやり続けると、子どもが飽きてしまいます。子どもたちが「ええ〜っ、もう少しやりたいな」と感じるくらいで終わるのがベスト。1つの遊びを長くやるのではなく、いくつかのあそびを短い時間で続けて行うようにしましょう。

②あそびの見本を見せる
　言葉だけでルールを説明して、「はい、それでは本番です」と始めてしまうと、あそびについていけない子もいます。ルール説明を終えた後は、できるだけ見本をやって見せるようにしましょう。あそびの動きさえ見れば、ほとんどの子はあそびのイメージをもつことができます。見本を示すのが難しいような遊びは、練習時間を設けるようにしましょう。

③常に全体を見る
　教師はいつでも教室全体を見るようにします。欠席者の代わりに入ったり、「先生もやろうよ」と誘われたりして、教師があそびへ参加することもあるでしょう。そういう場合でも、意識は常に学級全体へと向けておきます。困っている子や停滞している班・グループがないかどうかに気を配り、クラス全員があそびを楽しむことができるように心がけましょう。

④役割を明確にする
　だれが何をやるのかを明確に伝えなければ、「僕がAをやるよ」「えっ、私がAをやるの！」と話し合いだけであそびの時間が終了してしまうことがあります。「ジャンケンで勝ったほうがAをします」「廊下側の人がAをやります」「班長から時計回りにスタート！」など、はじめの役割をはっきりさせるように指示しましょう。

⑤タイマーを有効活用する
　終わりの時間を定めるために、タイマーを用いるのも効果的です。ただし、あそびを始めてすぐ「5分間やりましょう」と計ってしまうと、あまり盛り上がらなかったときに「まだやるの……？」と間延びさせてしまうことになります。あそびがある程度盛り上がってきた頃を見計らって、「残り2分で終わります」と計り始めるといいでしょう。

Chapter 2
友だちと1つになって行動するあそび

毎日同じことの繰り返しだと、子どもたちは飽きてしまいます。何気ない1つ1つの行動も、楽しいあそびにしてしまいましょう。刺激を与え、学級が1つにまとまるあそびを紹介します。

★ 声を出し合うあそび
★ すばやく動くあそび
★ 起立するあそび
★ 拍手して盛り上がるあそび

声を出し合うあそび-①

21 大きな声で！ 楽しくリズムにのって声を出す
お口の体操

ねらい 教師の指示に従って発声します。リズミカルに楽しみながら様々な声を出します。国語の音読の前に最適なあそびです。

あそびかた

はじめのことば
体育の授業では、まず準備体操をするよね。声を出すのも準備体操が必要です。「お口の体操」をしましょう。
先生

1 声の出し方を説明する。

先生

先生が「お口の体操」と言ったら、「あいうえお」と返します。やってみましょう。お口の体操！

お口の体操！
あいうえお！

あいうえお！

2 いろいろな指示を出す。

先生

では、言われた通りの声を出しましょう。

大きな声で
あいうえお！

先生
お口の体操。

あいうえお。

先生
大きな声で。

あいうえお！

先生
小さな声で。

あいうえお。

3 言葉を変えて、さらにいろいろな指示を出す。

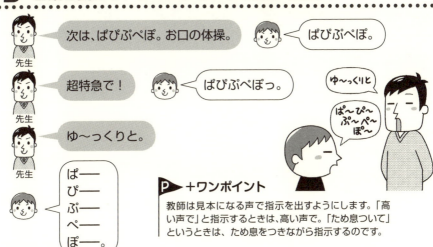

P +ワンポイント

教師は見本になる声で指示を出すようにします。「高い声で」と指示するときは、高い声で。「ため息ついて」というときは、ため息をつきながら指示するのです。

4 声をだんだん小さくして、あそびを終了。

もっと夢中にさせる コツ

- 「高い声で」「低い声で」「明るい声で」「暗い声で」「弾んだ声で」「元気な声で」「優しい声で」「怒った声で」「不思議そうに」「歌うように」「笑いながら」「ため息ついて」「あくびしながら」「こわい声で」など、さまざまなバリエーションの声を出させるようにしましょう。

声を出し合うあそび-②

22 声でモンスター退治！
音読でモンスターをやっつけろ！　大きな声を出す

ねらい　休み明けなど、クラスの雰囲気が固くて声が出にくいときに最適です。声を出して、黒板に書かれたモンスターを倒します。子どもは張り切って大きな声を出すようになります。

あそびかた

先生

はじめのことば
（いきなり黒板にモンスターを描く）今日は、このモンスターとの勝負です。さあ、勝つことはできるかな？

1 ルールを説明する。

先生

このモンスターの弱点は声です。大きくてはっきりとした声を出せば、ちょっとずつ姿が消えていきます。今から、教科書「スイミー」第1場面の音読をします。読み終わるまでに消すことができるかな？

よーし、やっつけるぞ！

2 音読しながら、少しずつモンスターを消していく。

先生

それでは、始めましょう。

「広い海のどこかに、小さな魚のきょうだいたちが、たのしくくらしていた。」

先生

ギャー！（少しだけ消す）

54

3 途中で、なかなか消えなくなる。

「みんな赤いのに、一ぴきだけは、からす貝よりもまっくろ。」

フッフッフ……まだまだだな！
先生

P +ワンポイント
句点のたびに消すようにします。あまり声が出ていない場合は、「回復したぞ！」と言って、体を描き足してもいいでしょう。

4 すべて読み終えるとともに、ちょうど消し終わるようにする。

「およぐのは、だれよりもはやかった。」

ググ……。
先生

「名前は、スイミー！」

ギャー！！ 無事やっつけることができました。いやあ、やっつけられて良かった。みんな良い声が出ていましたよ。今くらいの良い声が出るということを覚えておきましょうね。
先生

もっと夢中にさせるコツ

●黒板に描く絵は、オニ、恐竜、虫、流行りのTVアニメのキャラクターなどでも盛り上がります。子どもが関心をもっている絵を描くようにしましょう。

声を出し合うあそび-③

23 オモシロおかしい言葉で笑っちゃう！　大きな声で勝負
おいどんはかわいい

ねらい 楽しみながら大きな声を出すあそびです。笑いが起こり、「声を出しても大丈夫」というあたたかな雰囲気が生まれるので、声を出すためのきっかけづくりになります。

あそびかた

はじめのことば
今日は、「おいどんはかわいい」というあそびをしましょう。

1 自分の呼び方とステキな言葉を考え、板書する。

「おれ」「ぼく」など、自分の呼び方には、どんな呼び方がありますか。

「おいら」です。

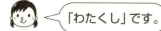
「わたくし」です。

次に、「カッコいい」「かわいい」など、ステキな言葉は、どんな言葉がありますか。

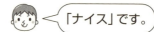
「ナイス」です。

「ブラボー」です。

2 言葉を組み合わせて叫ぶ言葉を決める。

自分の呼び方とステキな言葉を組み合わせて叫びます。1番大きな声の人が勝ちです。例えば「おいどんはかわいい！」「わたしはワイルド！」という感じですね。どれとどれを組み合わせて言うのか考えましょう。

3 1人ずつ立って、声を出す。

先生
> それでは、始めましょう。班長から、時計回りに発表します。班長、起立。1班から順に言います。始め！

> わがはいはかわいい！

> オイラは最高！

> ぼくちん天才！

> わたしは男前！

先生
> おお、すごい勝負でした。今の勝負で勝ったのは……3班！次に、2番目の人、立ちましょう。

P ＋ワンポイント
教師はツッコミを入れながら大いに笑いましょう。恥ずかしがってしまう子も、普通に言えていたらOKです。無理強いはいけません。

4 全員が終えたら、あそびを終了。

先生
> すごい声を出すことができていたね。みんな、どこから声が出ているんだろう。ビックリしました。これで「おいどんはかわいい」を終わります。教科書の音読をします。さっきくらいの元気のいい声を出して読みましょうね。

もっと夢中にさせるコツ

● 何を言えばいいのか分からない子には、「『私はすごい』でいいよ」などとアドバイスします。

Chapter 2　友だちと1つになって行動するあそび

声を出し合うあそび-④

24 廊下、階段、外まで届け！ 大きな声で音読
どこまで聞こえるかな音読

ねらい 「どこまで聞こえるか」という基準を示すことにより、子どもたちは一生懸命声を出そうとするようになります。日頃の何気ない音読に勢いが生まれます。

あそびかた

先生

はじめのことば
音読の声がどこまで聞こえるのでしょうか。みんなで確認してみますよ。

1 ルールを説明し、教師が廊下へ出る。

先生

先生が廊下でみんなの音読を聞きます。聞こえたらみんなの勝ち。聞こえなければ、先生の勝ち！先生が出ていって、5秒かぞえたら読みます。用意ドン！

1、2、3、4、5。「広い海のどこかに、……」

先生
（読み終えてから）聞こえました。合格！

2 次の課題を出し、教師は階段まで行く。

先生
では、次は階段のところまで行きますよ。7秒後にスタートします。用意ドン！

1、2、3、4、5、6、7。
「広い海のどこかに、……」

3 さらに次の課題を示し、教師は階段の下まで行く。

先生: では最後は、階段の下です。違う階まで聞こえたら本物ですね。10秒後にスタートします。用意ドン！

1、2、3、4、5、6、7、8、9、10。
「広い海のどこかに、……」

4 教室へ戻って結果を発表。

先生: 聞こえました。すごい！よく声が出ましたね。

やったあ！

先生: その声が、全力の声なんだよ。「もっと大きな声を出してごらん」って言われたときには、今くらいの声で音読できるといいですね。

P +ワンポイント

「さすがに無理じゃないかなあ」「これは先生の勝ちだろうな」などと挑発すると、子どもたちは「届くよ！」とさらにやる気になります。

もっと夢中にさせるコツ

- 「聞きに行ってくれる人？ 廊下にAくん、階段にBさん、階段の下にCくん、行ってきてください。さあ、だれのところまで届くかな？」などと子どもたちの中から審査員を募集しても盛り上がります。この方法だと、教師は教室で子どもの様子も見ることができるので安心です。読み終えたら「聞こえた？」と1人ずつ確認しましょう。

声を出し合うあそび-⑤

25 声の大きさ紅白対抗戦！ いい声を出す
いい声メーター

ねらい 教室を2つに分けて、声の大きさを競います。相手チームに負けないように、楽しみながら声を出すことができます。暗い雰囲気の教室に活気が生じます。

あそびかた

先生

はじめのことば
今日は先生が「声のメーター」になります。教科書の音読で勝負しましょう。

1 クラスを2つのチームに分けて、ルールを説明する。

先生

クラスを「窓側チーム」と「廊下側チーム」の半分に分けて、いい声勝負をします。はっきりと大きな声で読むことができていれば、先生の手のひらメーターが上がっていきます。読み終わったときに、先生の手のひらメーターの高いほうが勝ちです。

よし、勝つぞ〜！

2 1回戦を始め、教師は手を少しずつ上げる。

先生
それでは、第1回戦！ さん、はい。

「祇園精舎の鐘の声、諸行無常の響きあり。」

（音読を終えてから）今のは……廊下側チームの勝ち。

やったあ！

お腹から声が出ていますね。

3 2回戦を始める。

それでは、2回戦。さん、はい。

「祇園精舎の鐘の声、諸行無常の響きあり。」

P ＋ワンポイント
逆転したり、追いつきかけて引き離したりするなど、こまめに手を動かすようにします。

4 最後まで文章を読み終えたら、結果を発表。

今のは窓側チームの勝ち！

イエーイ！

窓側の人たちは、口の形がはっきりしていました。そのようにして読むと、何を言っているのか聞き取りやすくなります。とても上手でしたよ。今の声を続けましょう。続きを読みます。さん、はい。

もっと夢中にさせるコツ

● あまり長々と勝敗にこだわって続けていると、険悪な雰囲気になることがあります。声出しのきっかけにするのにとどめて、さらりと終えましょう。

すばやく動くあそび-①

26 船長さんが言いました
指示を聞いてビシッと動く！ キビキビ行動する力が身につく

ねらい 「船長さん」の指示に従うあそびです。間違っても、あたたかな笑いが起こります。教師の指示をしっかり聞き、テキパキと動きます。教室のダラダラしたムードを引き締めたいときに効果的です。

あそびかた

先生

はじめのことば
「船長さんが言いました」というあそびをします。間違えずにできるかな？

1 ルールを説明する。

先生

「船長さんが言いました」と言われた後のことだけをやりましょう。「船長さんが言いました」と言っていないときは、その行動をしてはいけません。

2 練習をしながらルールを理解させる。

先生

練習をしてみましょう。
船長さんが言いました。
両手を上げましょう。下げましょう。

あれっ？

先生

今のは下げちゃダメですよ。
「船長さんが言いました」と言った後のことだけをやるのです。

そっか～！

3 全員がルールを理解できたら、本番開始。

先生

船長さんが言いました。全員起立。ここからが本番です。間違えたら着席しましょう。船長さんが言いました。右手を上げましょう。左手を上げましょう。船長さんが言いました。右手を下ろしましょう。船長さんが言いました。フラダンスを踊りましょう。

P +ワンポイント

つい引っかかってしまうような指示をすると盛り上がります。
（例）「ちょっと寒いね。窓を閉めてくれるかな」「すご～い。みんな、Aくんを見てごらん」「もうこんな時間か……時計を見てごらん」

4 ひっかけ問題を出しながら、あそびを終了。

先生
はい、終わります。座りましょう。

先生
ふっふっふっ！　ひっかかったね。

あっ！

先生
そう、まだゲームは続いているのですよ。まだ立っている人、すごい。船長さんが言いました。「船長さんが言いました」を終わります。残った人に、拍手～！　みんな、すごく早く動けるんだね。あそびじゃなくても、今くらいキビキビと動けるようになるといいですね。

もっと夢中にさせるコツ

● ほかにも次のような指示を出すといいでしょう。
（例）前へならえ、なおれ、休め、気を付け、天井を見ましょう、床を見ましょう、首をかしげましょう、首をグルグル回しましょう、その場で回りましょう、その場でジャンプ、右手でパンチ、頭を洗いましょう、どじょうすくいをしましょう、あっかんべーをしましょう、笑いましょう、怒りましょう、泣いたフリをしましょう

すばやく動くあそび-②

27 振り向き2秒！
すばやくクルッと振り向こう！ 友だちのほうへ体を向ける

ねらい 当てられた子のほうへすばやくおへそを向けるあそびです。普段の発表のときに、パッと体を向ける動きをマスターできます。

あそびかた

先生
はじめのことば
「振り向き2秒！」というあそびをします。
だれがどこに座っているか覚えていないと難しいですよ。
やってみましょう。

1 ルールを説明する。

先生
今から先生が名前を呼びます。呼ばれた人は、返事をして立ちましょう。みんなは、呼ばれた人のほうを2秒で見ます。おへそごと、クルッと向けるようにしましょう。2秒で向けなければアウトです。

2 練習をしながらルールを理解させる。

先生
練習してみましょう。
Aくん！ 1、2！ みんなセーフ！

あぶなかった～。

先生
Bさん！ 1、2！ Cくん！ 1、2！

よかった、セーフ！

3 全員がルールを理解できたら、本番開始。

先生

それでは、ここからが本番。
だんだん早くなりますよ。
Dくん！ 1、2！
Eくん！ 1、2！

＋ワンポイント
下の名前で呼んでもいいでしょう。また「山田くん！」など、学級にまったく関係のない人の名前を呼べば、「……え？！ だれ？！」と間が空いて笑いが起こります。

4 2分ほどやったら、教師自身の名前を呼んで、あそびを終了。

先生

○○先生！　はい、ここまで。みんな、振り向くのが早いですね。授業でも今くらい早く振り向くことができれば、どんないいことがありますか？

発表する人もすぐにみんなに向かって安心して話すことができます。

時間の節約になります。

先生

そうですね。節約できた時間で、さらにみんなは賢くなることができます。しかも、友だちのことも大事にできる。この感覚をよく覚えておきましょう。

もっと夢中にさせるコツ

- 子どもの振り向く動きを大きくするめに、できるだけ反対の子を呼ぶようにします。前の子を呼んだら次は後ろの子。右側の子を呼んだ次は、左側の子というように。
- 慣れてきたら、子ども同士で指名し合うようにしてもいいでしょう。

すばやく動くあそび-③

28 準備・片づけギネス記録
目指せ、ギネス記録更新！ テキパキと片づける

ねらい 給食や帰りの準備時間を計測し、毎日記録をつけることで、どれくらいの早さで準備や片づけをすることができたのかが確認できます。記録更新のときは、クラス全員で達成感を味わうこともできます。

あそびかた

はじめのことば
ギネス記録を知っていますか。世界一の記録のことです。このクラスでも、ギネス記録を残していきましょう。

1 今日のタイムを発表。

先生
給食の準備時間を計りました。今日の記録は20分12秒でした。明日は何分を目指しますか？

18分を目指します。

2 記録を縮めるための工夫を考える。

先生
では、記録を18分まで縮めるためには、何をすればいいのでしょうか。

着替えて並ぶのを早くすればいいと思います。

配膳をするときに、余計なおしゃべりをしないように気を付けるといいと思います。

3 翌日、もう一度確認する。

1回目の記録は、何も言わずにこっそり計るようにします。はじめの記録が遅いと、準備が速くなったときに成長を感じることができるからです。

先生：昨日気を付けると言っていたことは何でしたか？ となりの人と確認しましょう。

着替えて並ぶ速さと、配るときのおしゃべりをしないことだったね。

先生：がんばりましょうね。それでは、給食準備、始め！

4 記録を発表。

先生：15分11秒。すごいね！昨日より5分近くも縮まったよ。準備の時間が縮めば、どんないいことがあるか分かるかな？

食べる時間が増えます。

先生：そうだね。余裕をもって食べることができるね。そうすると、食べ物も大事にできる。給食を作っている方たちも喜んでくれる。いいことだらけだね。これからも、がんばりましょうね。

もっと夢中にさせるコツ

- 授業終了の挨拶から準備が終了し、全員が着席するまでの時間を計ります。日直が「今日のタイムは○分○秒です」と読み上げるようにするといいでしょう。
- 記録は可視化することが大切です。黒板などに書き残して、目にできるようにしておきましょう。

すばやく動くあそび-④

29 キビキビ動こう！ 全力で行動する
付箋でポイントアップ

ねらい 全力で取り組めば、ポイントアップ！ 全力を出す体験をするあそびです。「一生懸命がんばることが当たり前」の雰囲気をつくり出すことができます。

あそびかた

はじめのことば
今日は付箋を使ったあそびをします。
その名も「付箋でポイントアップ」です。
先生

1 付箋を配り、ルールを説明する。

付箋は、机の右奥に貼っておきましょう。全力を出していると、机に貼っている付箋にポイントが加算されます。「1ポイント」と言われたら、正の字を1本ずつ書いていきます。
先生

2 さっそくポイントを入れていく。

それでは、がんばりましょうね。
先生

はい！

わっ！ 今、Aくんは返事ができたね。
返事ができるって、すばらしいね。
1ポイント！
ほかの人たちもがんばってください。
先生

3 全力の行動に対して、次々にポイント付与。

先生
1班はみんな姿勢がいいです。
1ポイント！　起立が早い3班、
1ポイント！　それでは国語の授業をします。今、教科書を出せている人？
1ポイント！　全員起立！　1、2！
今、2秒以内に立てた人？（挙手）
その人たちは、1ポイント！

🚩 **+ワンポイント**
「○くん」「○班」「○号車」「○○ができた人(自己申告)」など、さまざまな点数の入れ方をします。

4 2～4時間ほどで終了し、点数を確認して、ふりかえりをする。

先生
さあ、これで終わります。点数を確認しましょう。0～9点の人？　10点代の人？　20点代の人？　30点代の人？それ以上の人？　よくがんばりました。とてもキビキビと動くことができていましたね。やってみてどうでしたか？

なんだか気持ちがよかったです。

あそびじゃなくても、これからも続けていきたいです。

先生
そうだね。これからも、そういう行動が続けられるといいね。

もっと夢中にさせるコツ

- 少ない子でも20ポイント以上入るくらいが目安です。ポイントをどんどん与えるようにします。
- 時間割の内容が重要です。国語や算数など、教室での活動が多い教科が続いている日に行いましょう。

すばやく動くあそび-⑤

30 階段レベルアップ
班で協力！ 力を合わせてテキパキと動く力を身につける

ねらい テキパキと行動すれば、班のレベルが上がるあそびです。ダラダラとした雰囲気をキュッと引き締めるだけではなく、励まし合いながらがんばろうとするようになります。

あそびかた

先生

はじめのことば
（階段の絵を描き、マグネットを貼りつける）
今日は、階段を上るあそびをします。さあ、はたして頂上までたどり着ける班はいるのでしょうか？

1 ルールを説明する。

先生

キビキビと全力で行動していると、班のマグネットが階段を上っていきますよ。サボっていると、下りてしまいます。

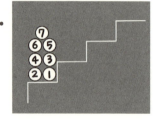

よし、がんばるぞ！

2 さっそくマグネットを上げてみせる。

先生

おっ、1班は全員先生の顔を見ています。
すばらしいですね。
ピョン（マグネットを上げる）。

やったあ！

3 がんばりを認めて、次々にマグネットを上げていく。

先生：1班は姿勢がいいね。ピョン！
5班は起立が早い。ピョン！
3班はちょっと遅い。ヒュルル〜。

🚩 ＋ワンポイント
音読をしながら、句点ごとに上げていくのもいいでしょう。

4 2〜4時間ほどで終了し、ふりかえりをする。

先生：それでは、階段レベルアップはここまで。やってみて、どうでしたか？

おもしろかった！

すばやく動くことができて、気持ちよかったです。

先生：これからもその動きを続けていきましょうね。

もっと夢中にさせるコツ

- マグネットは丸い形の物を使用します。油性ペンで班の番号を書き込んでおきましょう。
- 階段は黒板の左端に書くようにします。そうすれば、授業の板書の邪魔になりません。
- 階段はさまざまな形のものを描きます。「今日の階段はどんなのだろう？」と楽しみにするようになります。
  （例）階段型、階段折り返し型、はしご型

＊「学級あそび30　階段レベルアップ：階段の例」は220ページに掲載。

Chapter 2　友だちと1つになって行動するあそび

起立するあそび−①

31 急いで立つぞ！ 起立する速さを競う
起立スピード選手権

ねらい 「起立」と言われてから立って気を付けするまでの時間を計測するあそびです。ビシッと勢いよく起立することができるようになります。

あそびかた

はじめのことば
ただいまより、起立スピード選手権を行います。
早く立てるのは、どの班でしょうか？

1 ルールを説明する。

先生が「起立」と言います。号令がかかってから、気を付けをするまでの時間を計ります。一番早い班が優勝です。

ストップウォッチでタイムを計りますよ！

2 班ごとに起立を練習。

では、班ごとに練習をしましょう。
班長が先生役で「起立」の号令をかけます。始め！

起立！　着席！

もう少し早く立ちたいね。

起立！　着席！

椅子を少し下げておこうよ。

もう少し早く立ちたいね
起立！

3 1班から順番に起立のタイムを計る。

先生

それでは、1班ずつ起立します。
1班、起立！　3秒22。
2班、起立！　3秒17、最高記録だ！
3班、起立！　おおっと〜、
3秒05！！　日本新記録！！！
（全班同様に計測する）

P ＋ワンポイント
まるで実況中継のようにタイムを読み上げると盛り上がります。

4 すべての班が終わったら、ふりかえりをする。

先生

優勝は、3班！　拍手〜！
3班、もう一度起立。3班がなぜ早く立つことができるのか分かるかな？

「起立」という号令の「き」の音で立ち始めているからだと思います。

先生

なるほど。では、3班のまねをして、全員、起立！
すごい！　早く立てると、どんないいことがありますか。

授業の挨拶がすばやくて、がんばろうって気持ちになります。

先生

なるほどね。良いスタートダッシュが切れるようにするために、起立するときは今みたいにすばやく立てるようにしましょう。

もっと夢中にさせる コツ

- 班だけではなく、となりの子とのペア、教室半分 VS 半分、号車など、グループの大きさを変えても面白いです。

Chapter 2　友だちと1つになって行動するあそび

起立するあそび-②

32 時計を見てタイミングよく起立する
起立ポップコーン

ねらい 「○時○分に起立する」ということを決めておき、時間になったら立ち上がるあそびです。急いで起立するために、良い姿勢を保つようになります。

あそびかた

先生

はじめのことば
みなさん、今日はポップコーンになりましょう。時計をよく見ていないとできないあそびです。

1 ルールを説明し、起立する時間を指定する。

先生

11時5分になったら、ポップコーンができあがります。
「ポン！」と言って立ち上がりましょう。ぴったりの時間に立つことができた班が優勝です。

よし、ぴったりを目指そう！

2 そのまま授業を進める。

まだかな、まだかな〜。

もうすぐだよ。

3 時間になったら立ち上がる。

ポン！

プオン！

ポーン！

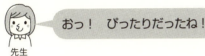おっ！ ぴったりだったね！

先生

P ＋ワンポイント

「時間、もうすぐだよ……」と囁く子には、「あまり大きい声で言っていると、ほかの班も気付いちゃうよ」と伝えましょう。

4 ぴったりに立つことができた人をほめる。

先生

ぴったりに立てたのは、2班と4班でした。拍手！すごい速さで立てていましたね。ぴったりに立つことができる班は、授業中とても姿勢が良かったです。姿勢良く座っていると、行動がすばやくなりますね。

もっと夢中にさせるコツ

- 「早く立てる人は、こういう姿勢だね」と良い姿勢の子に前へ出てもらい、見本にするといいでしょう。
- 授業が早く終わったときには、「チャイムと同時に立ちましょう。一番早い班が勝ち」などとしても盛り上がります。

起立するあそび-③

33 バレないように起立・着席！ すばやい起立を身につける
だるまさんがころんだ

ねらい オニにばれないように気を付けながら、起立や着席を繰り返します。すばやい動きを身につけることができます。

あそびかた

先生

はじめのことば
今日は「だるまさんがころんだ」の起立・着席バージョンをやります。

1 動き方をについて説明し、前に出る人を1人決定する。

先生

「だーるまさんがこーろんだ」という合図とともに起立・着席をします。座っている人は起立。起立している人は着席をします。動いたらアウト。アウトになったらオニは交替します。はじめにオニをやってみたい人？

はい！

先生
では、Aくんやってみましょう。

2 前に出ている人が次々に「だるまさんがころんだ」を言う。

先生
それでは、始めます。

だーるまさんが、こーろんだ。

だーるまさんがこーろんだ

3 動いているところをオニに見られたら交替する。

だーるまさんが、ころんだ！
Bくん！

しまった〜。

先生
次はBくんがオニですね。
交替しましょう。

🚩 ＋ワンポイント
「途中で変な格好で止まってもいいよ！」と呼びかけると、みんないろいろなポーズで静止します。

4 5分ほどしてからあそびを終了。

先生
では、ここまでにしましょう。Cくんの動きがすごかったです。やってみてくれるかな？
だーるまさんが、こーろんだ！　まるで雷みたいなスピードですね。みんなも、Cくんのようなスピードで立ってみましょう。全員、起立！

もっと夢中にさせる コツ

- 「気を付けの姿勢までして起立が完了だよ！」と基準を示します。
- 「だーるまさんが、こーろんだ」の間に「起立→着席」というように2連続の動きができる子もいます。「すごい！」と認めた上で、「起立→着席→起立」の3連続まで目指すように促しましょう。

起立するあそび-④

34 友だちと息を合わせて！ みんなでバシッと起立する
起立バレーボール

ねらい 班ごとにタイミングを合わせて起立するあそびです。失敗しても得点を失うわけではないので、楽しい雰囲気が持続します。

あそびかた

はじめのことば
今から、バレーボールをします。といっても、教室の中でボールを使うことはできません。今からやるのは、「返事バレーボール」です。

1 ルールを説明する。

先生

「○班！」と呼ばれて2秒以内に返事をしながら立ち上がれたらOK。呼ばれた班の班長が次の班を呼びます。返事ができなかったり、立ち上がるのがバラバラになったりすると、呼んだ班に1ポイントが与えられます。

2 全体で練習をしながら、ルールを理解させる。

先生

少し練習をしましょう。では、1班から。1班の人は立ちましょう。そう！そうやって全員同時に立てたらOKです。では続けて、4班！ 今みたいにバラバラな返事だと、アウトです。

なるほど！

3 全員がルールを理解できたら、本番を開始。

先生

それでは、ここから本番です。今最後に当たった4班からいきます。始め。

 6班！　　 はい！

 3班！　　 えっ、あ、はい！

先生

アウト〜！　6班に1ポイント！

 イエーイ！

P　＋ワンポイント
「次は副班長が呼びます」など、呼ぶ子が替わればさらに楽しむことができます。

先生

では、6班から続きをどうぞ。

4 3ポイントとれた班が出たら終了。

先生

優勝は4班！　拍手〜！

 やったあ〜！

先生

チームワークがすごく良かったですね。立ち上がるときに、息がピッタリそろっていました。さすがです！

もっと夢中にさせる コツ

- チームで作戦を話し合う時間を設けてもいいでしょう。
- 得点は正の字で黒板にメモをしていけば分かりやすくなります。
- 指名する班を見ずに呼んだり、呼ばれた班をすぐに呼び返したりすると、勝ちやすくなります。

起立するあそび-⑤

35 リモコンぴ！
リモコン操作に合わせて動こう！　すばやく立ち上がる

ねらい　ゆっくりと動いたりすばやく動いたり……動くスピードを変えることによって、テキパキと動くことの心地よさを感じさせるあそびです。

あそびかた

はじめのことば
今から始まりの挨拶をします。
先生がこのリモコンでみなさんを操作します。

1 リモコンを子どもたちに向けて、ゆっくり開始。

まずは……スロー再生。
ピッ！　き〜り〜つ〜。

2 リモコンを振って、指示を出す。

一時停止、ピッ！

……。

巻き戻し！

わあ〜！

3 いろいろな指示に合わせて起立と着席を繰り返す。

先生「もう一度、いくよ。早送り！　ピッ！　起立！」

「わあ〜！」

P +ワンポイント
「Aくんの動きが良かった。もう一度やってくれるかな。Aくんだけ巻き戻し、ピッ！早送り、ピッ！」などとすると、みんなで良い見本を確認することができます。

4 あそびを終了。

先生「みんな、こんなに早く立ち上がることができるのですね。驚きました！　では、早送り、ピッ。着席！」

もっと夢中にさせるコツ

- リモコンは、テレビ用のものを使いましょう。
- 起立の動作以外でも使うことができます。帰りの準備や教室移動などにも効果的。
- 次のような動作もやってみるといいでしょう。
  （例）コマ送り再生（ちょっとずつ止まりながら動く）
　　　　繰り返し再生（何回も繰り返す）
　　　　録画（「再生」と言われたら同じ動きをする）
　　　　早送りの3倍速・4倍速（さらに速く）
　　　　電源OFF（机に倒れ込む。電源ONで復活）

拍手して盛り上がるあそび-①

36 パンパンパン！ リズムに合わせて計算する
パンパン10

ねらい 手拍子に合わせながら、繰り上がりの足し算や引き算の計算練習をすることができます。算数の授業の導入に最適。

あそびかた

はじめのことば
先生：（パンパンパン）今、何回たたきましたか？
3回ですね。これから、手拍子を使ったあそびをします。

1 教師と同じ数だけ拍手をする。

先生：先生の拍手と同じ数だけ拍手をしましょう。
パン！
パン、パン！
パン、パン、パン！
良くできました。

2 足して5になるように拍手する。

先生：次は、先生のたたいた数と合わせると5になるようにたたきましょう。
パン、パン！

パン、パン、パン！ できた～！

3 足して 10 になるように拍手する。

先生：次は、合わせて 10 になる数だけ拍手しましょう。
パン、パン！

パン、パン、パン、パン、パン、パン、パン、パン！

P ＋ワンポイント
だんだん早くします。聞き取るのが難しくなればなるほど、子どもたちの集中力も増していきます。

先生：すごい！

4 最後は 10 回たたいて終了。

先生：パン、パン、パン、パン、パン、パン、パン、パン、パン、パン！

……あれ？

先生：たたかなかった人が正解！
今、10 回たたいたから、0 だね。
これで「パンパン 10」を終わります。

もっと夢中にさせる コツ

- 大きな音が鳴るので、話に集中できないとき、切り替えさせたいときなどにも効果的です。
- 間違えてしまう子には、「10 − 3 はいくらかな？」などと確認するといいでしょう。

拍手して盛り上がるあそび−②

37 いそいでパチパチ！ 拍手の速さを競う
拍手スピードスター

ねらい 制限時間内でできる拍手の回数をかぞえます。人が心地よくなる拍手の仕方を学ぶことができます。

あそびかた

先生

はじめのことば
正しい拍手のやり方があります。
あそびながら覚えてみましょう。

1 拍手の手の使い方を説明する。

先生

拍手で良い音を鳴らすためには、
手をそろえて少しだけずらします。
こうです。

2 拍手のポイントを3つ示す。

先生

拍手のポイントは、「強く」「速く」
「大きく」たたくことです。
やってみましょう。拍手〜！

パチパチ……。

先生

そう、いいですね！

3 3秒間計測し、何回手拍子できるか数える。

先生:今から3秒間拍手をします。20回以上できれば合格！用意、始め！

P +ワンポイント
「20回で初級、25回で中級、30回で上級」などとレベルを設定すれば、さらに燃えます。

4 結果を発表。

先生:20回できた人？　すごい！
21〜25回の人？
26〜30回の人？　それ以上は？

はい！　32回できました！

先生:ではAくん、見本でやってみてください。始め。

パチパチパチ……。

先生:すごい！　さすが、速いですね。Aくんのように、しっかり手を動かしてみましょう。拍手〜！　人のがんばりを見つけたときには、今のように勢いのある拍手をしてあげるようにしましょうね。

もっと夢中にさせる コツ

● 次に何かをがんばっている姿を見つけたときは、すぐに「拍手〜！」と号令をかけましょう。拍手された子に「今の拍手をしてもらって、どう感じた？」と尋ねて、拍手の価値づけをします。

拍手して盛り上がるあそび-③

38 消しゴム拍手

消しゴムの動きに合わせてパチパチパチ！ 拍手を合わせることを楽しむ

ねらい 消しゴムを投げている間に拍手をします。大きな音が鳴るので、グッと注意を引きつけたいときにも有効です。

あそびかた

先生

はじめのことば
拍手のあそびをしましょう。
よ〜く見ていないと、間違えてしまいますよ。

1 ルールを説明する。

先生

この消しゴムが、先生の手を離れている間だけ拍手をします。

2 消しゴムを大きく投げる。

先生

さあ、ついてこられるかな。

 パチパチパチ……。

 パチパチパチ……。

3 投げ方に強弱をつける。

先生「投げる大きさを変えますよ。」

「わっ！」

「間違えちゃった！」

P ＋ワンポイント
途中、床へ落としてみせます。教師の手を離れているので、ずーっと拍手しなくてはいけません。

4 3分ほどであそびを終了。

先生「みんな、よく見ていましたね。間違えずにたたけた人？ すごい！ みんな、拍手がずいぶん上手になりました。これで「消しゴム拍手」を終わります。」

― もっと夢中にさせる **コツ** ―

- 「消しゴムを投げてみたい人？」と呼びかけて、子どもにさせてみるのもいいでしょう。
- 班ごとにあそぶこともできます。班の中で代表者が消しゴムを放り、ほかの子たちが拍手します。代表者はジャンケンで決めるようにします。5回投げたら終わり。

拍手して盛り上がるあそび-④

39 古今東西ゲーム
リズムに合わせて復習する！　友だちと言葉を出し合う

ねらい 関連する言葉を順番に言うあそびです。復習ができる上、班の仲も深まります。

あそびかた

先生

はじめのことば
「古今東西ゲーム」をします。
手拍子しながら頭をはたらかせましょう。

1 ルールを説明する。

先生

手拍子「パンパン」の後、テーマに関係のある言葉を言います。言えなかったり、すでに出た言葉を言ったりするとアウトです。

2 見本を見せて、ルールの理解を深めさせる。

先生

では、何人かで見本を見せましょう。Aくん、Bさん、Cくん、手伝ってください。テーマは動物です。先生からいきます。パンパン、コアラ。

　パンパン、ラクダ。

　パンパン、ライオン。

　パンパン、ラクダ。

これはアウトですね。今のように、同じ言葉を言ってしまうとダメなのです。

なるほど！

3 班ごとにあそびを開始。

それでは、やってみましょう。班長から、時計回りにスタートします。

パンパン、チーター。

パンパン、シマウマ。

パンパン……。

P +ワンポイント
はじめは「動物」や「甘い食べ物」など、たくさん答えを思いつくものをテーマにしたほうがハードルが低く、どの子も楽しむことができます。

4 5分ほどであそびを終了。

はい、そこまでにしましょう。一度もアウトにならなかった人はいますか？　すごい！

もっと夢中にさせるコツ

- 授業に関連のある言葉にすれば、授業導入として効果があります。例えば、「商店街にあるお店」というテーマにして古今東西ゲームをした後、全体で発表すれば、たくさんの意見が出されるようになります。
（例）〇〇地方の都道府県、〇〇大陸の国の名前、魚の名前、動物の名前、草の名前、鳥の名前、教師の名前

拍手して盛り上がるあそび-⑤

40 拍手をヒントに！宝物を探す
宝探しパチパチ

ねらい 宝物に近づいたら拍手をするという拍手でヒントの合図をおくるあそびです。友だちとの仲を深めていきます。

あそびかた

先生
はじめのことば
今から拍手を使った宝探しをします。

1 ルールを説明し、宝物を探す人を決める。

先生
ただの宝探しではありません。拍手でヒントを与える宝探しです。1人が探す人になります。宝物はこの黒板消しです。それでは、探す人を決めましょう。やりたい人？

はい！

先生
では、Aくん、やってみましょう。
Aくんは廊下へ出ましょう。

2 宝物を教室のどこかに隠す。

先生
さあ、どこに隠しますか。

テレビの後ろがいいんじゃないかな？

先生
そうだね、そこにしましょう。

3 探す人が教室に戻って宝物を探す。

先生: はい、では A くん入っていいですよ。ほかの人は、探す人が宝物に近づいたら、パチパチと拍手します。

パチパチ……。

先生: 拍手がなっているということは、宝物に近づいているんだよ。

P +ワンポイント
教師が見本となるように拍手の大きさを変化させましょう。

どこだろう……？

パチパチパチ……！

4 発見したら、次の人と交替する。

分かった、ここだ！

先生: よく見つけられたね。ナイス！ほかのみんなも、上手な拍手のヒントができていましたよ。
では、もう一度やりましょう。次に探してみたい人？

もっと夢中にさせる コツ

- 「探す人」の役割は希望者が続出しますので、ジャンケンなどで勝った人にするといいでしょう。
- 班の中で探す人を 1 人決めて、班ごとに取り組んでも楽しむことができます。

Column 2
子どものやる気を引き出す学級あそびのすすめ方

　人のやる気は、大きく分けて2つの種類があります。「外発的動機づけ」と「内発的動機づけ」です。外発的動機づけとは、ごほうびなど外部からの刺激を受けて取り組むことです。一方で、内発的動機づけとは、自ら「やりたい！」と感じて行動することを指します。

　学級あそびは、ポイントをためたり、勝負に勝ったりするための行動なので、外発的動機づけといえます。「挨拶ゲームをするよ。自分から何回挨拶できたか数えて、みんなで勝負しよう！」と呼びかければ、子どもたちは意気揚々と挨拶し始めます。学級は、挨拶でいっぱいになります。あそびを終えたところで、「今日挨拶してみて、どう感じましたか？」と尋ねれば、「楽しかったです！」「明日も自分から挨拶してみようと思いました」と答えることでしょう。そこで、挨拶の成り立ちについて教えます。挨拶の大切さを学んだ子どもたちは、その後も挨拶を続けることでしょう。これで、外発的動機づけから始まり、内発的動機づけへと移行したことになるのです。

　子どもに指導したいことがあるなら、まずは学級あそびにして、そのことの良さや価値を体感させるといいでしょう。ただし、あそびのまま終えてしまうと、「あそびじゃないならやりたくない」となってしまうかもしれません。

　あそびの最後にはふりかえりの時間をつくります。
「やってみて気付いたことはありますか？」
「学んだことは何ですか？」
「これからどんなことを続けていきますか？」

　このような問いを投げかけることで、子どもの気付きを促します。そして、教師の語りで価値づけし、内発的動機づけへと結びつけます。

外発的動機づけ→ふりかえり→内発的動機づけ

　学級あそびには、子どものやる気を引き出す効果があります。その効果を生み出すために、教師は一連の流れを頭に置いた上で学級あそびを進めていく必要があるといえるでしょう。

Chapter 3
親しき仲にも礼儀あり！学級ルールを楽しく身につけるあそび

細かい学級のルールや、基本的なマナーのことも、あそびを通して学ぶことができます。教師がガミガミ言わなくても大丈夫。楽しみながら、ピリッと規律ある雰囲気をクラスに生み出すあそびを紹介します。

★ 挨拶を交わすあそび
★ 静かに集中するあそび
★ マナーを守るあそび
★ 丁寧に行動するあそび

挨拶を交わすあそび−①

41 おはよう！ いろいろな握手で友だちと関わる
いろいろな挨拶30秒

ねらい 学級全員でいろいろな挨拶をします。あたたかな触れ合いの時間になります。とくに朝の会の後などにおすすめです。

あそびかた

先生

はじめのことば
世界には、おじぎやハグなど、いろいろな挨拶があります。今日は、挨拶の１つである「握手」を使ったあそびをしましょう。

1 ルールを説明する。

先生

教室の中を歩きまわります。出会った人と握手をしながら「おはようございます」と言いましょう。

2 あそびを開始。

先生

30秒で10人以上とできれば合格です。全員、起立。用意……始め！

おはよう！

おはよう！

94

3 人数を確認し、握手の仕方を変えてもう一度。

先生：10人以上と握手できた人？
すごい！　合格。
次は、指先と指先でタッチします。
全員、起立。
これも10人以上とできるかな。
用意……始め！

おはよう！
おはよう！

＋ワンポイント
教師は教室の角に立ち、全体を見渡しましょう。輪に入れない子には、「あの人のところへ行ってごらん」などの声かけをします。

4 30秒たったら終了。

先生：はい、やめ。10人以上とできた人？

はーい！

先生：わっ、すごいね！　明日は、また違ったかたちの握手でやってみるよ。難しいけど、できるかな。お楽しみに。

もっと夢中にさせるコツ

- 日によって握手の仕方を変えます。
  （例）グータッチ（ゲンコツでタッチ）、チョキタッチ（チョキの形で指先タッチ）、パータッチ（手のひらをパーにしてハイタッチ）
- 「おはようございます」がいい加減になってしまう子がいるときは、「こんなやり方をしている人がいたけど、だめだよ」と名前は出さずに動きを見せて注意しましょう。

挨拶を交わすあそび-②

42 「おはよう」で勝負！ 自分から挨拶する
挨拶勝負

ねらい 教師と子どもで、どちらが先に挨拶できるか勝負するあそびです。子どもたちは体験を通して挨拶の気持ちよさを学びます。

あそびかた

先生

はじめのことば
（帰りの会で）今朝は、Aくんが挨拶をしてくれてうれしかったな。明日の朝は、挨拶勝負をしましょう。

1 帰りの会でルールを説明する。

先生

先生に対して先に挨拶したら、みんなの勝ち。先生が先に挨拶したら、先生の勝ちです。先生は強いよ。勝つことができるかな？

負けないよ！

先に挨拶するもん！

2 翌朝、黒板にも書いて、宣戦布告。

先生

今日は先生と挨拶勝負だ！絶対負けないからね！！

今日は 先生と あいさつ勝負！
ぜったい 負けないからね

3 教師が教室へやってきたら、挨拶で勝負。

先生:「おはよう!」

「わっ! しまった〜。おはよう!」

先生:「先生の勝ちだね〜!」

🚩 **+ワンポイント**
3日ほど続けてやりましょう。教師も手を抜かずに、全力で挨拶を続けます。

4 朝の会で結果を確認する。

先生:「今朝、先生との勝負に勝った人? やりますねえ。自分から挨拶をしてみてどう感じた?」

「挨拶すると、楽しいし、なんだか気持ちいい!」

先生:「挨拶って自分もほかの人も気持ちよくしてくれるものなんだね。明日も勝負しますよ。負けませんからね!」

もっと夢中にさせるコツ

- 次のようなルールを追加しても面白いでしょう。
  ① 自分から挨拶できた数で勝負します。1人に挨拶したら1ポイント。
  ②（上記ルールに加えて）ポイント制で、友だちは1ポイント、校長先生やほかのクラスの先生、おうちの人など目上の人に自分から挨拶したら5ポイント。
  ③（上記ルールに加えて）名前を呼んで挨拶できれば、倍のポイントがもらえます。
- 毎日ちょっとずつルールを変えていくのが飽きずに続けるポイントです。

挨拶を交わすあそび-③

43 挨拶すごろく
挨拶の課題を乗り越えろ！　班で協力して挨拶する

ねらい　班で挨拶の課題に挑戦することによって、すごろくを進めるあそびです。日替わりの課題に挑戦することで、挨拶する習慣を身につけることができます。

あそびかた

はじめのことば
（金曜日の帰りの会で）来週の5日間、すごろくをします。ただのすごろくではありません。「挨拶すごろく」です。

1 ルールと用紙の使い方を説明する。

班に1枚「挨拶すごろく」を配付します。お題を班全員がクリアすることができれば、色を塗ることができます。5日間で、何個塗ることができるかな。
お題★
月曜日：友だち3人以上に挨拶する
火曜日：友だち5人以上に挨拶する
水曜日：友だち10人以上に挨拶する
木曜日：友だち15人以上に挨拶する
金曜日：クラスの友だち全員に挨拶する

2 翌週月曜日の朝、挨拶にチャレンジ。

 おはよう！　 おはよう！

 やったあ、これでクリアだ！

3 朝の会で班ごとに確認する。

先生：今日は「友だち3人以上に挨拶する」というお題でした。クリアできた班は、色を塗りましょう。

できた？

私はできたよ！

僕もできた！

やったあ、クリアだ！

＋ワンポイント
「○班、クリアできたんだね！」とクリアできた班をほめます。できなかった班にも「ここからが勝負だよ」と声をかけましょう。

4 明日のお題を確認する。

先生：明日のお題は「友だち5人以上に挨拶する」ですね。がんばりましょう。

明日もがんばろうね！

うん！

もっと夢中にさせるコツ

● 「挨拶すごろく」を終えて、挨拶の意識が薄くなってきてしまったとき、「挨拶すごろく2」に取り組むようにするといいでしょう。

＊「挨拶すごろく」の資料は222〜223ページに掲載。

挨拶を交わすあそび-④

44 返事が上達する
動きに合わせて返事しよう

ねらい 教師のいろいろな動きに合わせて「はいっ」と返事をするあそびです。大きな声で返事をすることで、クラスに一体感も生まれます。

あそびかた

先生 **はじめのことば**
今よりもステキな返事ができるようになるためのあそびをするよ。ついてこられるかな？

1 手のひらが交差したら返事。

先生 手のひらと手のひらが交差したときに返事をします。

はい。

先生 （フェイントをかける）

は……。

2 手のひらが見えたら返事。

先生 次は、手のひらが見えたら返事をするのですよ。

はい。

はい

先生 両手が見えたら2倍の返事です。 はい！！

先生 手の甲では、返事をしてはいけません。 ……。

3 右手の前を左手が通過したら返事。

先生 右手が地球で、左手がロケットです。地球の前をロケットが通り過ぎるときに返事をしましょう。

はい！

はい！！

P ＋ワンポイント
通り抜けかけてやめたり、突然通ったりするなどして、ハラハラさせるようにします。

4 あそびを終了。

先生 みんな、とても良い返事ができていました。今の返事が普段でもできるように心がけましょうね。

はい！ 先生 すばらしい！

はい！

もっと夢中にさせるコツ

- 子どもが飽きないうちに、次から次へとあそび方を変えていきます。
- 返事のタイミングを三三七拍子になるようにしてみると、クラスの一体感が増します。

挨拶を交わすあそび-⑤

45 班の友だちと元気よく挨拶をする
目標宣言

ねらい 班の友だちと挨拶をして、今日の目標を伝え合うあそびです。リズムよく挨拶し、目標を言うことで、お互いのがんばりを認め合う雰囲気をつくり出します。

あそびかた

はじめのことば
今日は、どんなことをがんばりますか？
どんな小さなことでもいいので、1つだけ考えましょう。

1 ルールを説明する。

班長から順番におじぎしながら「おはようございます」を言い、終わったら1人ずつ今日の目標を言います。全員終わったらハイタッチをして座ります。

2 今日の目標を考える。

少し時間をとるので、今日の目標を考えましょう。どんな小さなことでも構いません。昨日の自分よりも少しでも成長できることを考えましょう。

3 班ごとに目標宣言。

それでは、用意……始め！

おはようございます。

おはようございます。

おはようございます。 おはようございます。

今日の僕の目標は、漢字テストで100点をとることです。よろしくお願いします。

よろしくお願いします！

（全員が目標を言っていく）

P ＋ワンポイント
はじめの挨拶で勢いをつけることが大切です。勢いを保ったまま目標が言えるようにテンポよくつなげて言えるようにします。

4 上手に宣言できていた班の発表を見て、いいところを真似する。

3班、とても上手でした。やってみてください。（一通り終わってから）何が上手なのか、分かりますか？

しっかりと深くおじぎをしていました。

今日の目標を元気よく言うことができていました。

いいところを見つけられましたね。今見つけたいいところを真似しながら、もう一度やってみましょう。目標宣言、始め！

もっと夢中にさせるコツ

● 目標がなかなか思いつかない子のために、先にその日の流れを一通り詳しく説明しておくといいでしょう。「今日は、国語では漢字練習をしてから詩の暗唱をします。算数は2けたの筆算です」など、目標を考える上での参考情報を伝えます。

静かに集中するあそび-①

46 教室がシーンとなる！ 決まった時間をぴったり当てる
1分間当てっこ

ねらい 目を閉じて、1分間を当てるあそびです。集中してかぞえているうちに、教室はシーンと静かになるので、心を落ち着かせたいときにおすすめです。

あそびかた

はじめのことば
「1分間当てっこ」というあそびをします。心の時計で時間をはかりましょう。

1 ルールを説明する。

顔を伏せて1分間数えます。
ちょうど1分たったかなと思ったら、「はい！」と言いながら手を挙げます。
ぴったりの人が優勝です。

ぴったりを目指すぞ！

2 全員顔を伏せる。

それでは、全員顔を伏せましょう。
はじめの10秒だけはかぞえますね。
1、2、3、4、5、6、7、8、9、10……。

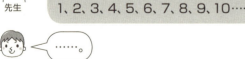
……。

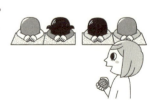

3 1分たったところで教師が手を挙げる。

……はい！ はい！

先生　はい！今で1分です。ぴったりだった人は……AさんとBくん！

やったあ！

ああ、おしかった〜！

P ＋ワンポイント

40秒や30秒など時間を短くします。2回目以降は、ぴったりの人が多くなります。「ぴったりだった人は手を挙げましょう。すごい！」とまとめてほめるようにします。

4 2〜3回やったところであそびを終了。

先生　それでは、終わります。みんな、すごい集中力でしたね。

もっと夢中にさせるコツ

- 単純なあそびですが、子どもは集中して取り組みます。授業が早く終わったときなどのすきま時間で取り組んでもいいでしょう。
- 「1分12秒当てっこ」「47秒当てっこ」など、中途半端な数字でやるのも盛り上がります。

静かに集中するあそび-②

47 耳を澄ませば
何の音が聞こえるかな？　静かな教室環境をつくる

ねらい　雑然とした雰囲気になっているとき、集中させるきっかけになります。耳へ神経を集中させているうちに、教室はシーンと静かになり、心を落ち着かせることができます。

あそびかた

先生
はじめのことば
「耳を澄ませば」というあそびをします。たくさんの音を聞き取りましょう。

1 ルールを説明する。

先生
目を閉じて、聞こえてくる音に気を付けてみましょう。どんな音が聞こえるかな？

2 みんなで音を確認し、ルールの理解を深める。

先生
例えば、今でも、となりのクラスの声、椅子をガタガタする音、カーテンがバサバサする音なんかが聞こえてくるよね。

あっ、聞こえてきた。

僕も聞こえたよ。

3 全員がルールを理解したら、あそびを開始。

先生: では、たくさんの音を聞き取ってみましょう。指を折りながらかぞえます。1分間で5個聞こえたら合格。用意……始め！

4 数を確認し、どんな音が聞こえたのか発表。

先生: いくつ聞こえましたか。1つの人？ 2つの人？ 3つの人？ ……10の人？ それ以上は？ わあ、たくさん聞くことができましたね。どんな音が聞こえたか発表しましょう。

鳥の鳴き声が聞こえました。

外で体育をしている人の声が聞こえました。

先生: なるほど。本当だ、確かに聞こえますね。今みたいな聞き方を「耳を澄ます」と言います。集中すれば、こんな小さな音でも聞き取ることができるのです。普段の授業でも、今のように集中して友だちの発表を聞くことができるといいですね。それでは、もう1度みんなで耳を澄ませてみましょう。

もっと夢中にさせるコツ

- 2回目以降の取り組みでは、「さっきよりも多く聞こえるかな？」と呼びかけると、子どもたちは集中して聞き取ろうとします。

静かに集中するあそび-③

48 指ローソクを吹き消そう
長く吹き続けよう！ 大きく息を吸って落ち着く

ねらい 指先に息を吹きかける長さを競うあそびです。あそびながら深呼吸をさせることで、子どもの心を落ち着かせます。

あそびかた

先生

はじめのことば
今日は、みんなでローソクへ息を吹きかけます。ただのローソクではありません。指ローソクです。

1 見本を見せながらルールを説明する。

先生

右手の人差し指を立てます。その指がローソクです。今、ローソクには火がついています。そこへふーっと息を吹きかけ、指に息が当たらなくなったらおしまいです。

2 人差し指を立てて息を吹く練習。

先生

練習をしましょう。せーの、ふー。

ふー。あっ、終わっちゃった〜。

先生

はじめに大きく息を吸うことがポイントですよ。

3 全員がルールを理解したら、あそびを開始。

先生:では、全員起立。
ローソクに息を吹きかけましょう。
息が切れてしまったら、座ります。
せーの！

ふー……ああ、終わっちゃった～。

ふー。

+ワンポイント
「おおっと！ 3班はまだ4人とも残っている！ すごい!」「最後はBさん対Cさんの一騎打ちだ!」などと実況中継のように声かけしましょう。

4 最後まで残った人をほめて、あそびを終了。

先生:はい、やめ。最後まで残ったのはAさんでした。拍手～！

すごいなぁ！

もっと夢中にさせるコツ

- 班などグループの中で勝負しても盛り上がります。
- 息ではなくて、「『うー』と言いましょう。声が出なくなったら終わりです」などと発声にしてもいいでしょう。

Chapter 3 親しき仲にも礼儀あり！ 学級ルールを楽しく身につけるあそび　109

静かに集中するあそび-④

49 呼吸アコーディオン
手に合わせて吸って吐く！ 深呼吸で静かな環境をつくる

ねらい　つい声を出してしまう子の多くは、落ち着きがなくソワソワしています。深呼吸を繰り返すことで、心の状態を安定させ、授業にじっくりと取り組めるようにします。あそびの後のクールダウンにも。

あそびかた

はじめのことば
みんなは、アコーディオンという楽器を知っていますか？ 今日は「呼吸アコーディオン」というあそびをしましょう。

1 息の吐き方と吸い方を説明する。

息を吸うときは鼻から吸って、吐くときは口から吐きましょう。吐くときは、「はあ」と吐くとすぐに終わってしまうので、唇をストローのように細くして「ふー」と吐くようにします。

2 手を広げたり狭めたりしながらルールを説明する。

先生の手と手の間の広さは、息を吸う量を表しています。手と手の間が広がれば息を吸い、手が止まれば息を止め、手と手の間が狭まれば息を吐きます。手の動きに合わせて、息を吸ったり吐いたりしてみましょう。

3 手の動きに合わせて呼吸。

先生：では、始めます。はい、吸って。

生徒：すー。

先生：止めて。

生徒：……。

先生：吐いて。

生徒：ふー。

📕 ＋ワンポイント

ずっと広げ続けたり、一気に狭めたり、「もっと吸って。まだまだ吸って〜！」など、ちょっぴり無理をさせてみましょう。

4 ゆっくり手と手を合わせて、あそびを終了。

先生：（手をゆっくり広げて、ゆっくり狭めて）はい、終了します。今の気持ちはどうですか？

生徒：息をいっぱい吸うと、心が落ち着きました。

先生：そうですね。今やったのは深呼吸です。深呼吸には、心を落ち着ける効果があります。なんだか落ち着かないと感じたら、今のようにゆっくりと息を吸って吐くといいですよ。

もっと夢中にさせる コツ

- 7秒で広げて、7秒止めて、7秒で狭めることを基本とします。
- 発表会前などにやれば、緊張をほぐす効果も期待できます。

静かに集中するあそび-⑤

50 しずかニワトリの卵

静かなところに卵が！ 班で静かにしようと心がけるようになる

ねらい 静かにできている班に卵が産まれるあそび。ふだん騒がしい子も、卵を増やすために一生懸命口を閉じようと努力します。

あそびかた

はじめのことば
先生：今日はスペシャルゲストがいます。しずかニワトリさんです。

1 黒板にニワトリと巣の絵を描いてから、ルールを説明する。

先生：しずかニワトリさんは、静かなところが大好きです。静かに行動できている班の巣に卵を産んでくれます。

かわいいな！

2 静かな班の巣の中へ丸いマグネットを貼り付ける。

先生：1班がみんな黙っていて、とても静かです。ポコン。ほかの班も、とても静かです。ポコンポコン。今日1日で、どれくらい卵をためることができるかな。がんばりましょう。

3 授業中でも卵を次々に。

先生：2班、静かに活動していますね。すばらしい。ポコン。

ちょっとAさん、静かにしてよ。

あっ、そうだった。

先生：3班もとても静かになりました。ポコン。

P ＋ワンポイント

終わり頃になっても、あまり卵がたまっていない班には「おっと、ニワトリさんががんばった！」と2つ同時に産むようにしてもいいでしょう。

4 2時間ほどで終了し、ふりかえりをする。

先生：とても静かに過ごすことができていましたね。やってみてどう感じましたか？

静かにしていると、勉強しやすかったです。

先生：静かにするのは、いいことですね。静かにするのは、この時間だけでいいですか？

これからも続けたいです！

先生：今日は大事なことに気付くことができましたね。ありがとう、しずかニワトリさん。さようなら（絵を消す）。

もっと夢中にさせるコツ

- マグネットがない場合には、色チョークで丸を書くようにします。
- 競争意識をもってしまう子には、「ほかの班と競争しているんじゃないよ。3つ産んでもらえれば合格だよ」など、基準を示します。

マナーを守るあそび-①

51 おじぎリーダーはだれだ？
誰がリーダーだ？　おじぎの角度を身につける

ねらい　リーダーのおじぎの真似をするあそびです。オニもほかの子もリーダーの動きをよく見るので、集中力と観察力が身につきます。おじぎの仕方がバラバラなときに最適。

あそびかた

先生

はじめのことば
これから「おじぎリーダーを探せ」というあそびをします。
みんなは、人の真似をするのは得意かな？
だれの真似をしているのか、バレないようにしないといけませんよ。

1 ルールを説明し、オニを1人決める。

先生

これから、オニを1人決めます。
では、最初のオニをやりたい人？

はい！

先生

Aくん、やってみましょう。
廊下へ出てください。

2 教室の中でこっそりとリーダーを決める。

先生

オニに聞こえないように小さな声でリーダーを決めます。リーダーになりたい人？　では、Bさんがやってみましょう。全員起立。リーダーはおじぎをします。ほかの人は、リーダーとまったく同じ動きでおじぎします。少しだけ練習してみましょう。

3 オニを教室に招き入れて、あそびを開始。

先生:　それではAくん、中へ入ってきていいですよ。この中に1人リーダーがいます。みんな、リーダーの真似をしておじぎしています。だれがリーダーか当てましょう。始め！

だれなのかなあ？

クスクス……。

🚩 ＋ワンポイント
「リーダー以外の人は、あまりリーダーを見ていちゃいけないよ。バレちゃうよ。こっそり見るようにしましょう」などと呼びかけます。

4 オニがリーダーを当てて正解したら、次のオニとリーダーを決める。

先生:　答えるチャンスは2回まで。さあ、そろそろ分かったかな？

Aくん！

先生:　よく分かったね。みんな、いろいろな深さのおじぎができましたね。もう1回やりましょう。次のオニをやりたい人？

もっと夢中にさせるコツ

● おじぎは3種類あります。謝るときにするのが「最敬礼（45度）」、普段の挨拶のときにするのが「敬礼（30度）」、目上の人とすれ違うときにするのが「会釈（15度）」です。それらを説明した上であそべば、学びの確認にもなります。

マナーを守るあそび-②

52 ありがとうカウント
感謝されるとうれしい！　ありがとうを言う回数をかぞえる

ねらい　友だちや教師に対して何回「ありがとう」を言えるかかぞえるあそびです。教室にたくさんの「ありがとう」があふれ、あたたかく和やかな雰囲気になります。

あそびかた

はじめのことば
先生：昨日、Aくんがステキな言葉を使っていたよ。
それは「ありがとう」です。
今日は「ありがとうカウント」というあそびをしましょう。

1 ルールを説明する。

先生：1時間のうちにありがとうを何回言えるのかかぞえます。ノートの隅に正の字で書きとめていきましょう。

2 試しにやってみる。

先生：それでは、プリントを配りますね。

ありがとうございます。

先生：おっ！　今言いましたね。これで1ポイントです。1本書いておきましょう。

3 授業中、どんどん「ありがとう」が言える機会をつくる。

（プリントを配る）はい、どうぞ。

116

ありがとう。よーし、これで1ポイントだ！

ノートを配ってくれてありがとう！

P ＋ワンポイント

授業の途中で、「今、何ポイントたまりましたか？」と尋ねましょう。友だちのポイントを聞くと、いい刺激になります。

4 その時間の終わりにあそびを終了し、ふりかえりをする。

先生

何ポイントためることできましたか？ 1〜10ポイントの人？ 11〜20ポイントの人？ 21〜30ポイントの人？ それ以上の人？ やってみてどう感じましたか？

うれしかったです。

気持ちよくなりました。

先生

ありがとうって言うと、自分の心もあたたかくなるんだね。今の時間、「ありがとう」がいっぱいで、先生もうれしい気持ちになりました。今後も、そういう感謝の気持ちをどんどん伝えていきましょう。

もっと夢中にさせる コツ

- 長く続けると飽きが生じるので、1時間で集中して行うようにします。
- ノートを汚したくない場合は、「付箋でポイントアップ」（あそび29：p.68〜69）のように机に付箋を貼って、そこへ正の字を書きます。

マナーを守るあそび-③

53 遠足リハーサル
シミュレーションで危険を回避！ 集団行動の練習をする

ねらい 遠足へ行く前に学校でリハーサル。必要な行動について学習しておけば、当日、「静かにしなさい」「すばやく並びなさい」などと口うるさく言う必要がなくなります。

あそびかた

はじめのことば
先生：来週は、いよいよ遠足ですね。楽しみです。でも、遠足には危険がいっぱいです。今日は、遠足のリハーサルをしましょう。

1 リハーサルの設定を説明し、役者を決める。

先生：まずは、道路を歩く練習です。道路はとても細いです。何に気を付けるか分かりますね。

車にひかれないようにすることです。

通行人の邪魔にならないようにします。

先生：そうですね。では、廊下を歩道だと考えましょう。通行人役をしてくれる人？　では、Aくんは先に廊下の奥のほうへ立ってください。みんなは廊下に並びます。

2 道路を歩くリハーサル。

先生：それでは、進みましょう。ストップ。広がりすぎなので、やり直し。後ろへ下がります。もう一度、始め（往復して教室まで帰ってくる）。

3 電車に乗るリハーサル。

先生：さて次は、電車に乗る練習です。電車の中で気を付けることは何ですか。

しゃべらないようにすることです。

席をゆずることです。

先生：では、電車での過ごし方をやってみましょう。

P ＋ワンポイント
時間に余裕があれば、ケガをしている人や妊婦さんの役を加えて、「優先席」の意味について教えましょう。

4 学びをまとめる。

先生：では、机と椅子を戻しましょう。確認します。今度の遠足で気を付けないといけないことは何ですか？

まわりに迷惑をかけないことです。

人に親切にすることです。

先生：そうですね。遠足はテストのようなものです。普段学校で学んでいること、がんばっていることが、学校の外でもできるかどうかを試す日でもあるのです。遠足当日、みんなの行動に期待していますよ！

もっと夢中にさせるコツ

- 遠足の行程の中で注意が必要と思われる場所を考え、2〜3のシチュエーションを想定してやるといいでしょう。
- 実際の遠足では、「この間リハーサルしたところへ来ましたよ。注意して進みましょう！」などと呼びかけましょう。

マナーを守るあそび-④

54 校長先生ゲーム
僕や私が校長先生!? 丁寧な言葉をつかう意識をもたせる

ねらい 友だちと立場の上下を入れ替えることで、言葉づかいについて考えさせるあそびです。上下関係やマナーを意識してふるまうようになります。

あそびかた

先生

はじめのことば
今から校長先生ゲームをします。
なんと、校長先生になることができますよ。

1 ルールを説明する。

先生

となりの人とジャンケンをします。
勝った人は校長先生です。
負けた人は、子どもです。
子どもは校長先生に対して敬語をつかって話すようにします。言葉の終わりを「です」「ます」にするのです。

2 となりの人と役割を決めて会話。

先生

子ども役の人は、「校長先生、昨日は何をされていたのですか?」と尋ねてみましょう。会話スタート!

校長先生、昨日は何をされていたのですか?

昨日は塾に行ったよ。Aさんは何をしていたのかな?

3 役割を決めて会話。

先生

今度は、班でジャンケンをします。1番に勝った人は校長先生、2番目に勝った人は先生、3、4番目の人は子どものままです。先生は、校長先生へ敬語で話します。子どもに対しては普通に話します。校長先生から好きな食べ物の話をしてみましょう。

みんなはどんな食べ物が好きなのかな？

私はハンバーグですね。Bくんはどうだい？

僕は山芋です。

P +ワンポイント
言葉づかいに集中するため、話し合いのテーマは、考えなくても話せるようなやさしいものにします。「今日の朝ごはん」「好きな給食のメニュー」「今日の放課後の予定」「よく食べるおやつ」など。

4 3分程度で終了し、敬語についてまとめる。

先生

目上の人に対しては丁寧な言葉をつかうこと。これが言葉づかいのルールなのです。目上の人と話すときには、敬語をつかうことができるように気を付けましょう。

もっと夢中にさせるコツ

● ほかにも次のような役割で、設定ごとに、カッコの中のような細かい制限を加えれば一層盛り上がります。
（例）【ペア】師匠と弟子（弟子は師匠を"〜師匠"と呼ぶ）、先輩と後輩（後輩は先輩を"〜先輩"と呼ぶ）
【班】高校生・中学生・小学生・赤ちゃん（赤ちゃんはバブーしか言えない）、社長・部長・課長・係長（名前の後ろに役職をつける）

マナーを守るあそび-⑤

55 ポイント制で楽しく確認！ 生活習慣をチェックする
3ポイントチェック

ねらい 生活習慣について3つのポイントに絞ってチェックすることで、注意が無理なく促されます。朝の会などで、教師から話をするときに行うといいでしょう。

あそびかた

先生
はじめのことば
今から、3つのポイントチェックをします。

1 ルールを説明する。

先生
生活のことをできているかどうかのチェックです。できているのであれば、1ポイントずつたまります。1ポイントたまれば起立。2ポイントになれば右手を半分だけ上げます。3ポイントになれば右手をまっすぐに上げます。さあ、まっすぐ上げられるかな。

2 チェックを開始。

先生
それでは、1つ目。朝、教室に入るときに友だちに挨拶した。2つ目。ハンカチとティッシュを持ってきている。3つ目。朝、歯を磨いてきた。

3 点数を確認する。

先生：まわりを見渡してみましょう。なるほど、2点の人が多いですね。

P +ワンポイント

内容は日によって変え、指導したい内容を入れ込むようにしましょう。3つ目は、少しおどけた内容にすると、3段落ちのように楽しむことができます。

4 明日のお題を確認する。

先生：全員着席。明日、がんばろうと思うことは何ですか。

挨拶を自分からすすんでやることです。

ハンカチやティッシュを忘れないようにします。

歯磨きをきちんとやります。

先生：なるほど。明日の朝もチェックをしますよ。気を付けて生活するようにしましょう。

もっと夢中にさせるコツ

● 次のような項目を確認するといいでしょう。
・朝、自分からおうちの人へ挨拶をした／・友だち3人以上に挨拶をした／・先生に自分から挨拶した／・教室に入るときに挨拶した／・朝ごはんを食べてきた／・今、背筋をピンと伸ばして話を聞いている／・先生の目を見ながら話を聞いている／・宿題を忘れずにやってきた／・寄り道をしないで登校した／・今、1時間目の用意ができている

丁寧に行動するあそび-①

56 字をきれいに書く
「あ」の字選手権大会

ねらい 字の美しさを競うあそびです。1番きれいに書けている子の字の真似をすることで、クラス全体の字の美しさが向上します。

あそびかた

先生
はじめのことば
「あ」の字選手権大会を開催します。
1番美しい「あ」が書けるのは、一体だれなのでしょう？

1 ルールを説明し、紙を配付する。

先生
まずは予選です。今から班に1枚、紙を配ります。折りたたんで、4つに分けるように折り目をつけます。次の人へ回すときは、何も書いていない面を上にして回しましょう。全員が書けたら、紙を開きます。では、始め！

よーし、うまく書けた！

2 班の予選で代表者を決定。

先生
「せーの」で1番上手な人を指さします。自分の字を選んではいけません。もしも同じ数だったら、ジャンケンで決めます。選ばれた人が班代表で、決勝戦へ進みます。代表が決まった班の人は、代表の人の「あ」にアドバイスをしてあげましょう。

せーの！

わあ。Aさんが代表だ！

がんばってね。もう少し、最後のはらいを丁寧にしてみたら？

あと、上の部分を長くするといいんじゃないかな？

3 班の代表者で決勝戦。

先生

いよいよ決勝戦です。班の代表の人は前へ出ましょう。ほかのみんなは、顔を伏せます。それでは、黒板に「あ」の字を書きましょう。

P ＋ワンポイント
書き終わったら、だれがどの字を書いたのかバレないようにするため、立っている場所を移動させます。

4 投票でもっとも美しい字を決定。

先生

では、全員顔を上げて、どの字が１番きれいか投票しましょう。（すべて聞き終えてから）投票の結果……この「あ」が１番に決まりました！　書いた人、手を挙げましょう。Ａさんに拍手！　では、「あ」の字チャンピオンのＡさんに、今日の授業のめあてを書いてもらいます。きれいな字をそっくり真似できるようにしましょう。

もっと夢中にさせるコツ

● 「あ」以外のお題でもできます。次の字がいいでしょう。
　か、さ、ふ、を、ぬ、山、犬、心、子、空、「登場人物の名前」など。

丁寧に行動するあそび-②

57 連絡帳名人
美しい字で進級しよう！ きれいに連絡帳を書く

ねらい 連絡帳の字がきれいになればなるほど進級するあそびです。子どもたちは進級しようと考えて丁寧に書くようになります。字がみるみるきれいになり、保護者の方も大喜びです。

あそびかた

はじめのことば
先生：今日から、みんなには連絡帳名人になってもらいます。

1 ルールを説明する。

先生：先生がサインするところへ数字を書いていきます。それがみんなの級です。はじめは20級からスタート。昨日の字よりもきれいになっていれば、19級、18級と上がります。1級の次は段になり、どこまでも上がっていきます。きれいになっていなければ、その級のままです。

2 連絡帳を黒板に書く。

先生：では、連絡帳を書きましょう。

🚩 **＋ワンポイント**
「今日の字のポイントは、はらいです。スッと力を抜くようにしてはらいましょう」など、その日ごとに字のポイントを解説してもいいでしょう。

3 書けた人から教師がチェック。

先生:「書けた人から前へ持ってきなさい。」

:「お願いします。」

先生:「昨日の字よりも曲げがきれいになっているね。19級!」

:「やったあ! ありがとうございます。」

4 きれいでない場合は、ポイントを短く指摘する。

:「お願いします。」

先生:「字の中に、線のつながっていない部分があるね。20級のまま。」

:「そっか。明日は気を付けなくちゃ。ありがとうございます。」

もっと夢中にさせるコツ

- 初日は全員20級からスタートし、飛び級はなし。翌日以降は、昨日の字と見比べて、少しでもきれいになっていれば進級します。
- 20～1級は丸形、1～99段は三角形、100段～は星形で囲みます。囲む形が変わるときは、特に厳しく審査します。
- 評価するポイントは、「とめ」「はね」「はらい」「曲げ」「字の大きさ」「字の位置」など。ときどききれいに書けている子の連絡帳を全体へ示せば、美しく書くことのイメージが湧きます。
- 普段の授業のノートでも、雑に書いている子がいる場合は、「3級として、この字は良くないね」と指導することができます。

丁寧に行動するあそび-③

58 モノダス！
3秒以内に物を出す！ 机の中を整理整頓する

ねらい 教師が指定した物をすばやく取り出すあそびです。整理整頓に関心をもたせ、片づける意欲を引き出します。

あそびかた

はじめのことば
「モノダス！」というあそびをします。
机の中がスッキリしている人が有利ですよ。
先生

1 ルールを説明する。

先生に言われた物を出します。出せたら「はい」と言いましょう。3秒以内に取り出せたらOK。勝負は3回で、2回以上勝てたら合格！
先生

2 教師が指示した物を取り出す。

 のり！ 1…2…3！ はい！
先生

 セロハンテープ！ 1…2…3！ あっ、間に合わない。
先生

 国語ノート！ 1…2…3！
先生

 うわあ、ダメだ〜。

3 机を整理整頓。

先生: 合格できた人？
すばやく取り出せる人は、何がいいのかな？ 合格できる人は、机の中がきれいだから、どこに何があるのかすぐに分かるのですね。今から2分間で、机の中を整えましょう。

P +ワンポイント

押し込むだけで満足してしまう子もいます。「いらなくなった物は捨てるんだよ」と声をかけましょう。

4 もう一度、教師に言われた物を取り出す。

先生: さっきより早くなるかな？ やってみましょう。下敷き！ 1…2…3！

はい！

先生: 国語の教科書！ 1…2…3！

はい！

先生: 国語のノート！ 1…2…3！

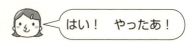
はい！ やったあ！

先生: 合格できた人？ いいですね。机の中が整っていると、スムーズに準備することができますね。いつも、今のように整った状態を保てるようにしましょう。

もっと夢中にさせるコツ

● このあそびの後で、何か物を取り出す機会があるときは、「モノダスやるよ。のり！ 1・2・3！」などと呼びかけるといいでしょう。

丁寧に行動するあそび-④

59 教室がピカピカに！ ゴミを拾って帰る
ゴミ拾いジャンケン

ねらい 午後からの授業で図画工作などがあったときは、教室にゴミが散乱していることがあります。教室のゴミを拾って帰るあそびです。

あそびかた

はじめのことば
先生：教室を見渡してごらん。きたないですね。
今日は、「ゴミ拾いジャンケン」をして帰りましょう。

1 ルールを説明する。

先生：先生とジャンケンをします。
ジャンケンで負けたら5個拾う。
あいこなら3個。
勝ったら1個拾って帰ります。

2 教師が前に立ってジャンケン。

先生：それでは、いくよ。ジャンケンポン！

勝った！ 1個だ〜。さようなら！

負けた！ 5個探さなきゃ。

3 ゴミを拾う。

よし、3個拾ったよ。さようなら！

先生
はい、さようなら！

🚩 **＋ワンポイント**
「勝ったけど拾って帰るよ！」
「10個も拾ったよ」など、決められた数よりも多くゴミ拾いしている子をほめましょう。

4 全員帰宅したら終了。

先生
すばらしい！
教室はゴミがなくなり、すっかりきれいな状態になりました。

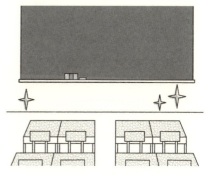

もっと夢中にさせるコツ

- 「となりの人とジャンケン。負けたら3個、勝ったら1個、ゴミを拾って帰りましょう」なども面白いです。
- 「となりの人と算数ジャンケン（あそび91：p.198〜199）。負けた人は、正解の数だけゴミを拾って帰りましょう」としてもいいでしょう。

丁寧に行動するあそび-⑤

食器をチェック！　食器をきれいにして返却する
食器審査員

ねらい　子どもたちが食べ終えた後の食器には、食べ残したものがいっぱいくっついていることがあります。隅々まできれいにして食べるクセをつけます。

あそびかた

先生

はじめのことば

（汚れた食器を取り上げながら）この食器を見てみましょう。このまま返却すると、給食場の方々は洗うのがたいへんですね。このままではいけません。明日は、給食審査員に審査してもらうことにします。

1　翌日の給食の時間に、給食審査員について説明する。

先生

1人が給食審査員になり、食器籠の横へ座ります。そこで食器がきれいかどうかの審査をして、○か×かを知らせます。×だともう一度席に戻ってやり直し。

2　給食審査員の人が全体へ合格の基準を知らせる。

お米が1粒も残っていない状態で合格です。これぐらいです。がんばってください！

はーい。

3 審査を開始。

ピンポン！ オッケーです。

よかった〜。

ブー。ちょっとだけ食べ残しがあります。

ああ〜。

P +ワンポイント
審査員には「判定が難しいときは、先生に聞きにくるといいよ」と伝えておきましょう。

4 全員が食べ終わったら、ふりかえりをする。

先生
こうして食器がきれいになると、どんないいことがありますか？

給食場の方々の仕事がラクになります。

先生
そうだね。あとは、汚れが少ないと、洗剤を使う量も減るから環境にもやさしいのですよ。明日もきれいに食べきることができるといいですね。

もっと夢中にさせるコツ

- 審査員は、早く食べ終わった子がやります。給食当番の食器係、日直、係活動の子でもいいでしょう。
- きれいに食べきることが習慣づくまで続けることが望ましいです。1〜2週間程度行いましょう。
- 主食がパンの日には、パンでおかずの食器をぬぐって食べればピカピカになります。これを「おそうじパン」といいます。きれいに食べるためのテクニックとして教えるといいでしょう。

Column 3
子どもの「ふざけ」の対処法

　学級あそびをしていると、教室には楽しい雰囲気がつくられていきます。
　しかしときどき、あそびが終わっているにもかかわらず、いつまでたってもふざけ続けてしまう子がいます。テンションが上がってしまい、授業が始まってもおさえられないのです。
　そういうときは、教師の対応の仕方が重要です。
　苦笑いしながら「もう、○○くんったら」と軽くたしなめたとすれば、子どもはふざけ続けてしまうことでしょう。教師は何度か注意を続けますが、最後には「いい加減にしなさい！」と雷を落としてしまい、教室にはイヤな空気が流れます。
　そして、教師はこう考えてしまうかもしれません。
　「ああ、学級あそびなんてするんじゃなかった……」と。
　でも、待ってください。教師の対応の仕方さえ気を付ければ、子どもは落ち着くことができるのです。
　ポイントは、「子どもの期待していない反応を返すこと」です。
　子どもはふざけながらも、教師や友だちが笑ってくれることを期待しています。だから、笑顔で注意されるとうれしくなって、ついふざけ続けてしまうのです。
　そんな子どもの期待を裏切りましょう。「いま、授業中ですよ」と、冷静に注意します。まるでコンピュータのように、淡々と。そして、間をあけずに「さあ、教科書を読みましょう」と、次の活動へ切り替えるのです。
　はじめのうち、子どもはふざけ続けるかもしれません。でも、その対応を繰り返しているうちに、子どもは「ああ、今はふざける時間じゃないんだな」と悟ります。次第に落ち着いて授業を受けられるようになります。これなら、雰囲気が悪くなることもありません。
　ただし、休み時間になったら、子どもたちと一緒に笑い合う時間をつくりましょう。
　楽しいときは、楽しく。真剣なときは、真剣に。まずは教師がメリハリをつけることです。自分のあり方を意識的に変えれば、教室の雰囲気を整えることができるのです。

Chapter 4
クラスの中にチーム力を生み出すあそび

友だちと協力してあそべば、笑顔があふれ、「友だち大好き！ クラス大好き！」の気持ちがみるみる生まれます。ペア、班、学級全体など、グループの大きさに応じた学級あそびを紹介します。

★ ペアで仲良くするあそび
★ 班で仲良くするあそび
★ クラスで仲良くするあそび
★ 1人ひとりを大切にするあそび

ペアで仲良くするあそび−①

61 噛んだらアウト！ ペアで早口言葉を言う
あぶりカルビバトル

ねらい 早口言葉で勝負するあそび。ペアで楽しく交流することができます。ペア学習が停滞しがちなときに効果的。

あそびかた

はじめのことば
なまむぎなまごめなまたまご！　みなさんは、早口言葉を言えますか？　今日は、早口言葉対決をしましょう。

1 ルールを説明する。

ジャンケンで負けた人が「あぶりカルビ」と１回言います。次に、勝った人が「あぶりカルビあぶりカルビ」と２回続けて言います。続いて負けた人が３回言います。そうやって、１つずつ「あぶりカルビ」の数を増やしていって、噛んだほうが負けです。

2 となりの人と早口言葉の勝負。

となりの人と勝負です。始め！

 あぶりカルビ。　　 あぶりカルビあぶりカルビ。

あぶりカルビあぶりカルビあぶりカブリ！　あっ、間違えた〜。

 やったあ！　 う〜ん！　もう１回。

3 言葉を変えて勝負。

 先生 やめ。では、次の言葉は「アルミニウム」。始め。

 アルミニウム。

 アルミニウムアルミニウム。

 アルミニウムアルニミウム……あっ！

 ＋ワンポイント

「前・後ろの人と勝負」とペアを変えれば、新鮮な気持ちで取り組めます。

4 あそびを終了。

 先生 はい、やめ。難しかったよね。全然噛まなかった人？

 ハーイ！

 先生 おっ、すごいね！　よくがんばりました。早口言葉をしっかり練習すると、滑舌がよくなるんだよ。つまりハッキリ話すことができるようになるのです。良い練習になりましたね。

もっと夢中にさせる コツ

- ほかにも次のような言葉で勝負するといいでしょう。
  （例）ミニニキビ、ミャンマー、ぼくボブ、肩たたき、油アルバム、生バナナ、古い服、右耳、ヨモギ餅、パン壁、神アニメ、許可局、土砂災害、魔術師、診察室、述語、よぼよぼ病、アンドロメダ座だぞ、シャア少佐、ミラクルビラ配り、骨粗鬆症（こつそしょうしょう）、老若男女（ろうにゃくなんにょ）、マサチューセッツ州、バスガス爆発

ペアで仲良くするあそび-②

62 足裏ぴったんこ
動いたら負け！ ペアの友だちと手押し相撲で触れ合う

ねらい 2人1組になり、手押し車で勝負します。友だちとの触れ合いを通じて、ペアの関係を深めます。

あそびかた

先生

はじめのことば
ペアで「足裏ぴったんこ」というあそびをします。手のひらの押し合いをして、足の裏が離れてしまったら負けです。

1 ルールを説明する。

先生

ペアの子と向かい合って立ちます。よーい、ドンの合図で手のひらを押し合います。バランスをくずして足が動いてしまったら負けです。

2 となりの人と勝負。

先生

ではやってみましょう。
全員、起立。となりの人と向かい合って立ちましょう。始め。

えい！
うわ〜！

3 ルールを変更しながら続ける。

> **+ワンポイント**
> 「手のひらで押し合うときは、フェイントをかけたり、タイミングを工夫して相手のバランスを崩すようにしましょう。乱暴に押すのは危ないので禁止ですよ」などの助言をするといいでしょう。

先生: 今度は片足でやってみましょう。浮かせているほうの足が床についたら負けです。始め！

　フラフラするね。

　えいっ！

　うわ～。

　やったあ！　勝った！

4 3分ほどたったら終了。

先生: では、座りましょう。今の勝負、勝った人？　負けた人？　引き分けの人？　みんな、よくがんばりましたね。これで「足裏ぴったんこ」を終わります。

もっと夢中にさせるコツ

- 勉強を兼ねたあそびにすると、もっとためになります。ジャンケンをして勝ったほうが問題を出しながら手を押し、負けたほうが答えを言いながら押し返します。答えが分からなければ押すことはできないというルールです。例えば、「かけ算九九」というテーマであれば、「3×5は？」「15！」。「歴史上の人物」というテーマであれば、「徳川将軍3代目は？」「徳川家光！」。「図形の公式」であれば「正方形の面積の公式は？」「縦×横！」などです。1分たったら交替の号令もかけるようにしましょう。

Chapter 4　クラスの中にチーム力を生み出すあそび

ペアで仲良くするあそび-③

63 タイ・タコ・手たたき
声に反応して手をパチン！ ペアの友だちと触れ合う

ねらい 友だちと手をつないで、たたき合いをします。手を握り合うのは、とても深い関わり合いです。普段はなかなか照れくさくてできないものですが、あそびであれば自然にできます。

あそびかた

はじめのことば
「タイ・タコ・手たたき」というあそびをします。反射神経で勝負です！

1 ルールを説明する。

廊下側の人は、タイです。窓側の人は、タコです。2人とも左手で握手をします。先生がタイと言ったらタイがタコの手をたたき、タコと言ったらタコがタイの手をたたきます。言われなかった側の人は、右手で自分の左手をガードしましょう。

2 となりの人と手をつないで練習。

それでは練習をやってみましょう。ターターター……タイ！

 わあ！　 やった、守れた！

今、タイって言ったから、タイの人がたたいているね。タコの人は守ることができたかな？

3 全員がルールを理解したら、本番開始。

先生

それでは、本番スタート。
ここから5回勝負です！
タータータ―……タイ！
タータータ―……タコ！
タータータ―……タイ！

えい！

いたっ！ やられた！

P ＋ワンポイント
子どもたちは騒ぎますが、構わず「タータータ―」と始めてしまいましょう。子どもたちは「あっ、始まってる！」と慌てて次の準備をします。

4 5回ほどやったら終了。

先生

たたくことはできましたか？
しっかり聞き取らないと、ついつい間違いそうになりますよね。それでは、これで「タイ・タコ・手たたき」を終わります。

もっと夢中にさせる コツ

- 「タータータ―……タバスコ！」など、タイとタコ以外の指示を出すと、引っかかる子が出て笑いが起こります。
- キーワードが変わると気分一新し、集中して取り組みます。「タイとタコ」以外だと、次のような名前がいいでしょう。
  （例）「ネコとネズミ」、「ウマとウサギ」、「コアラとコブタ」、「ワニとワシ」、「カナブンとカブトムシ」
- 「反対の手でやってみよう」とすれば、違いが生まれてさらに楽しむことができます。

ペアで仲良くするあそび-④

64 シェルパーウォーク
真っ暗の中を進め！ ペアの友だちと目隠しで歩く

ねらい 友だちの肩に触れ、進む方向をコントロールします。触れ合い、困難な経験をともにすることで、ペアの仲をより良いものにします。

あそびかた

先生
はじめのことば
「シェルパーウォーク」というあそびをします。このあそびは、ペアの人を信じなければできません。がんばりましょう！

1 ルールを説明する。

先生
ペアの人と前後に並んで立ちます。後ろの人が前の人を操作します。

2 見本を見せて、ルールの理解を深める。

先生
見本を見せます。Aくん、前へ出てきてください。両肩をポンと押せば「前へ進め」。もう一度押せば「ストップ」。右肩だけを押せば「右へ曲がれ」。左肩だけを押せば「左へ曲がれ」。友だちにぶつからないように操作しましょう。

3 ぶつからないように気を付けてあそぶ。

先生
それでは始めましょう。ジャンケンをして、負けた人が前。用意、始め！

わ～！

危ない！　ふ～、セーフ！

+ワンポイント
２～３分たったところで、「はい、前と後ろを交替します！」と号令をかけます。

4 5分ほどたったら終了。

先生
はい、そこまで。席に座りましょう。
ぶつからずにできましたか？
ぶつからないためには、お互いを信じ合う気持ちが大切ですね。
よくがんばりました。これでシェルパーウォークを終わります。

もっと夢中にさせるコツ

- ケガがないように、危険なものはあらかじめ移動させておきましょう。
- 体育館など広いところでやれば、のびのびと動き回ることができます。

ペアで仲良くするあそび-⑤

65 スモールナンバー
小さい数はいくつかな？ ペアの人と予想する

ねらい ペアの人と一緒に数字を考えるあそびです。小さな成功体験を積むことで、ペアの人とのつながりを深めます。数字を考えるだけなので、取り組みやすい活動です。

あそびかた

先生
はじめのことば
「スモールナンバー」というあそびをします。
このあそびでは、教室のみんなの考えを予想することが大事です。となりの人と協力して考えましょう。

1 ルールを説明する。

先生
紙を配ります。そこへ1〜50の数字で、小さな数字を書きます。ただし、ほかの人もその数字を書いていたらアウト。つまり、ほかの人が書いていないもっとも小さな数字を予想して書くのです。1番小さな数を選べたペアが優勝です。

2 ペアで小さな数を考える。

先生
それでは、ペアの人と相談しましょう。
決まったら、紙に書き込みます。

何にしようかな？

15くらいがいいんじゃないかな？

3　50から順番に数を読み上げる。

先生
では、50を書いたペアはいますか？
いないですね。49？　48、47、46、
45、44、43、42、41、40、39。

はい！

先生
39が出ました。そのペアは立ちましょう。ほかがみんな重なってしまったとすれば、このペアの優勝ですよ。さあ、どうなるかな。38、37、36…

P ＋ワンポイント

読み上げたところまでで1位のペアは立たせておきます。教師が実況中継のように「暫定1位は○くん&□さんペア！このまま逃げ切れるか!?」などと解説すれば、いっそう盛り上がります。

はい！

先生
おおっと、ここで王者交替！
先程のペアは座りましょう。
今のペアは立ちましょう。

4　結果を発表。

先生
1位はAくん&Bさんペアでした、拍手〜！
もう1回やります。
裏へ新しい数字を書きましょう。

すごい！　今度は1位になるぞ！

もっと夢中にさせるコツ

- 教室の前方に王者の席を用意して、暫定1位の間はそこへ座れるようにしても楽しいです。
- 「ビッグナンバー」として、もっとも大きな数字を予想するのもいいでしょう。

班で仲良くするあそび-①

バレないようにお団子をパクッ！ 班で円になってあそぶ
おじぞうさんゲーム

ねらい おじぞうさんになりきって、こっそりとお団子を食べるあそびです。バレたときが面白く、教室は笑顔と歓声でいっぱいになります。席替え直後に行えば、班の仲を急速に深めることができます。

あそびかた

先生

はじめのことば
席替えをしたばかりなので、班で仲良くするあそびをしましょう。「おじぞうさんゲーム」です。

1 役割と立ち位置について説明する。

先生

手伝ってくれる人はいますか（4人を指名）。1人が村人で、ほかの人はおじぞうさん役になります。おじぞうさんは円になります。村人は、おじぞうさんの円の真ん中に立ちます。
おじぞうさんは、右手を数字の0（ゼロ）の形にして、左手は上を向けます。

2 見本を見せながら説明。

先生

村人は、おじぞうさんの手の上にお団子をのせます。おじぞうさんは、村人にばれないようにこっそりパクッとお団子を食べます。食べているところを村人に見つかったら役の交替です。

3 班ごとにあそびを開始。

先生
それでは、班ごとに始めましょう。少し広いところに出てやります。

 お団子、はい！　 パクッ

 見つけた！　 うわ～！

P +ワンポイント
おじぞうさんの立ち位置が横並びになってしまうことがあるため、教師は各班を見て回りながら、おじぞうさんの位置を整えましょう。

4 3～5分ほどで終了。

先生
はい、やめ。席に座りましょう。みんな、上手にお団子を食べていましたよ。新しい班の人たちと、仲良く過ごしていけそうですね。これで終わります。

もっと夢中にさせるコツ

● 置く物をお団子とは違う物にして、食べるときのジェスチャーを決めれば、また違った楽しみが得られます。「今日置く物は、○○です！」と発表すると、子どもたちは喜んで取り組みます。
　（例）特大おにぎり（両手で食べなくてはいけない）、おすし（右手で取って食べる）、豆（上に放り投げてパクッと食べる）、ポテト（右手でつまんでポリポリと先から食べる）、わんこそば（右手のおはしで食べる）
● 置く物とジェスチャーを子どもたちに考えさせるのも面白いです。

班で仲良くするあそび-②

67 だれのタッチ
だれが触ったの？ 声を変えてバレないようにタッチ

ねらい だれにタッチされたのかを当てるあそびです。相談し合い、触れ合うことで、班にまとまりが生まれます。面白おかしい声を出すので教室が笑いに包まれます。

あそびかた

はじめのことば
「だれのタッチ」というあそびをします。
だれが触ったのか、よく勘をはたらかせないといけませんよ。

1 役割と立ち位置について説明する。

先生

見本を見せるので、2 班は手伝ってください。班の中でジャンケンをします。負けた1人がオニで、オニは後ろを向いて立ちます。

2 実際の動きについて説明する。

先生

オニ以外のだれかが、野菜の名前を言いながらオニの背中にタッチします。オニは、だれに触られたのかを当てましょう。

 キャベツ。　 Aくん？　 違うよ！

先生
違っていたら、もう一度です。

 ニンジン。　 Bくん？　 正解！

先生「正解なら、当てられた人とオニが交替します。」

「キャベツ」

3 班ごとにあそびを開始。

先生「では、始めましょう。移動して、広いところでやりましょう。」

「ピーマン！」

「Cくん？」

「当たり〜！」

🚩 ＋ワンポイント
「バレないように、声を変えるんだよ。高くしたり、低くしたりしてみよう！」と声をかけるようにします。

4 3〜5分ほどで終了。

先生「はい、終わりです。席に座りましょう。バレずにタッチできましたか？これで「だれのタッチ」を終わります。」

もっと夢中にさせるコツ

- 野菜以外でも、動物や果物の名前でも面白いです。「おはよう」や「○さん」「○くん」と相手の名前を呼びながらタッチするのもいいでしょう。
- 手は背中をタッチするだけ。強くたたいたりすることがないよう、教師は全体をよく観察しておきましょう。

班で仲良くするあそび-③

68 たけのこにょっき

「1にょき！」「2にょき！」友だちと重ならないように数をかぞえる

ねらい 合図に合わせて順番に手を挙げて立ち上がるあそびです。友だちと重ならないように気を付けることで、友だちの様子に気付く力が養えます。

あそびかた

はじめのことば
先生：「たけのこにょっき」というあそびをします。友だちとタイミングが重なってしまったらアウトです。

1 ルールを説明する。

先生：「たけのこたけのこにょっきっき」という掛け声の後に「1にょき」「2にょき」と順番に手を挙げていきます。

2 見本を見せながらアウトの基準を示す。

先生：友だちと重なって言ってしまったらアウト。1番最後になってもアウトです。見本を見せますね。たけのこたけのこにょっきっき。

 1にょき。

 2にょき。　　 2にょき！　あっ。

先生：このように重なるとアウト。5回アウトになってしまったらゲームオーバーです。

3 班ごとにあそびを開始。

先生：それでは、あそびを始めましょう。たけのこたけのこにょっきっき！

1にょき。

2にょき。

3にょき！

3にょき！うわ～！！

＋ワンポイント
「5回アウトになってしまった人と同時に挙げちゃった人もゲームオーバー！」とすれば、スリルが増します。

4 3～5分ほどで終了。

先生：はい、そこまで。1度もゲームオーバーにならなかった人はいますか？ すごいね。このあそびで勝つためには、まわりの人の動きを予測することが大事です。言いたいときに立ち上がるのではなくて、「だれがどう動こうとしているか」に気付くようにするといいですよ。

もっと夢中にさせるコツ

● 人数は4～8人程度が適しています。2つの班で机をつなげてやってもいいでしょう。

班で仲良くするあそび−④

69 新聞ジャンケン
新聞から落ちたら負け！ 班の友だちとくっつき合う

ねらい 新聞の上に乗るあそびです。落ちないようにするために身を寄せ合うことで、たくさんの関わり合いが生まれます。

あそびかた

はじめのことば
先生：今日は、これを使ったあそびをします（新聞を取り出しながら）。その名も「新聞ジャンケン」です。

1 ルールを説明する。

先生：1班と2班、見本として出てきてください。班全員で新聞に乗ります。まず、代表の人がジャンケンをします。負けた班が新聞を折りたたみ、もう1度新聞に乗ります。その状態でまだジャンケン。だれかの足が1歩でも新聞の外に出てしまったらアウトです。

2 対戦相手を決める。

先生：はじめは1班vs2班、3班vs4班、5班vs6班、7班vs8班で対戦します。広いところへ出てやりましょう。

よ〜し、勝つぞ！

3 新聞を1枚ずつ配って開始。

先生:　それでは、始め。終わったら、新しい班と勝負しましょう。

ジャンケンポン。勝った！

うわ～、負けた！折りたたまなきゃ……。

落ちないように、気を付けてね！

🚩 **＋ワンポイント**
おんぶするなど、工夫する班が見られたときには、「なるほど、そんな作戦があるんだね！」と取り上げるようにします。

4 全体が2～3回くらい対戦できたら終了。

先生:　はい、終わります。席に座りましょう。いやあ、1班はすごかったですね。こんな小さくなっているのに、全員乗ることができていました。力を合わせれば、難しいことでも乗り越えられるのですね。1班に拍手～！

もっと夢中にさせるコツ

- 班の数は偶数になるようにしましょう。人数は3～4人が適しています。
- 危険が予測される場合は、「1班vs2班は先生の机の横でやります」というように、活動する場所を指定するようにします。

班で仲良くするあそび-⑤

70 風船ポン

落とさないように気を付けよう！　風船で友だちと仲良く触れ合う

ねらい　風船は魔法の道具。風船があれば、普段なかなか関わることのない子ども同士でも、力を合わせたり触れ合ったりすることができます。男女関係なく関わり合う力を育てます。

あそびかた

はじめのことば
先生：今日は、ジャジャーン！（風船を取り出す）風船を使ったあそびをしましょう！

1 ルールを説明し、「風船たたき」をする。

先生：1つの班に1つだけ風船を配ります。姿勢良く座っている班から渡します。風船をもらった班から、風船を落とさずに何回たたけるかかぞえましょう。

2 「番号アタック」をする。

先生：班長から時計回りに1、2、3、4と番号をつけます。番号を言いながら風船をたたきます。呼ばれた番号の人が、次の番号を言いながら風船をたたきます。落としてしまった番号の人がアウトです。

3番！

　僕が1番をやるよ。
　私が2番ね。

　（風船をたたきながら）3番！
　4番！わ〜、落としちゃった。

3 「名前アタック」をする。

先生: 名前を呼び、呼ばれた人が次の人の名前を呼びながらたたきます。

Aくん！

Bさん！

🚩 **＋ワンポイント**
名前ではなくて、「それぞれ野菜の名前にしてみよう」などとして呼び合っても盛り上がります。ニックネームもいいです。

4 「手つなぎ風船たたき」をする。

先生: 最後です。手をつないで何回落とさずにたたけるかをかぞえます。頭や肩、足なども使って構いません。

3回！

よーし、がんばろう！　1回！

2回！

3回！

先生: 回数を、1班から発表していきましょう。（全班発表し終えてから）今日は仲良く風船であそぶことができました。どの班も、男子も女子も関係なく一緒になってあそぶことができていましたね。とてもいいなあと思いました。それでは、風船あそびを終わります。班長は、風船を前へ持ってきましょう。

もっと夢中にさせる コツ

- 風船が割れてしまったときのために、教師も1つ予備にふくらませて持っておくといいでしょう。
- 風が吹くと、たたき続けるのが難しくなります。窓は閉めて行うようにしましょう。

Chapter 4　クラスの中にチーム力を生み出すあそび　155

クラスで仲良くするあそび-①

71 なんでもノッケ
落ちないように気を付けよう！ 頭や顔の上にいろいろな物を乗せる

ねらい いろいろな物を頭や顔の上に乗せて我慢するあそびです。面白おかしい顔になるので、教室全体があたたかい雰囲気に包まれます。

あそびかた

はじめのことば
「なんでもノッケ」というあそびをしましょう。
いろいろな物を頭や顔の上に乗せますが、
落としてはいけませんよ。バランスの力で勝負です。
先生

1 頭の上に教科書を乗せる。

全員起立。頭の上に教科書を乗せます。落としたらアウト！
アウトになったら座りましょう。
先生

落ちないよ。

わっ、落としちゃった～！

2 頭の上に下敷きを乗せる。

全員起立。今度は下敷きを乗せます。
落としたら座りましょう。
先生

今度も大丈夫！

うわっ、しまった！

3 最後は鼻の上に鉛筆を乗せる。

先生:「鼻の上に鉛筆を乗せます。落としたら座りましょう。」

……。

……あっ！ 落ちた〜。

P ＋ワンポイント
最後まで微動だにしない子たちに対しては、「右手を挙げましょう」「ジャンプしましょう」「音読をします」「○くんのほうを見ましょう」などの指示を出します。それでも落ちなければ終了します。

4 あそびを終了。

先生:「一度も落とさなかった人？」

はい！

簡単だったよ！

先生:「すごいですね！ よくがんばりました。バランス感覚がすばらしいです。これで「なんでもノッケ」を終わります。」

もっと夢中にさせるコツ

● 「落としてしまった人も、座りながら続けていいよ」と指示しておけば、アウトになってしまった子も楽しむことができます。

クラスで仲良くするあそび－②

72 席替え間違い探し
だれとだれが変わったの？　座席の間違いを考える

ねらい　座っているところを入れ替えて間違い探しをします。座席を把握していないといけないので、子ども同士がお互いに関心を向け合うようになります。

あそびかた

先生

はじめのことば
間違い探しは好きですか？
今から、間違い探しをしますが、ちょっとだけ特別な間違い探しです。なんと、「席替え間違い探し」です。

1　やりながらルールを説明する。

先生

オニを1人決めます。やってみたい人？（挙手・指名）
では、Aくん、黒板の前へ出ましょう。みんなのほうをよく見てごらん。……もういいかな？　では、Aくん後ろを向きましょう。

2　前に立つ人と入れ替わる人を決める。

先生

これから、2人の席が入れ替わります。オニは、だれとだれの席が入れ替わったのかを当てます。当てることができたらオニの勝ち。外したら、ほかのみんなの勝ち。（小さい声で）入れ替わりたい人？

3 オニは振り返って、入れ替わった人を探す。

先生:オニのAくんは、みんなのほうを見ましょう。さあ、だれとだれが入れ替わったかな？

えっ？　だれだろう？

P +ワンポイント
2回目、3回目は、入れ替わる人を2人→3人→4人と増やします。

4 正解が出たら、次のオニを決める。

先生:答える回数は2回までだよ。分かったかな？　答えをどうぞ。

BくんとCくんだと思います。

先生:正解！　Aくんに、拍手〜！
では、もう1回やりましょう。オニをやりたい人？（3回ほど終えてから）みんな、友だちの座席をよく覚えていますね。すごいな。これで「席替え間違い探し」を終わります。

── もっと夢中にさせる **コツ** ──
- オニを決めるときは、ジャンケンで決めてもいいでしょう。
- 入れ替わりながら上着などの服装も交換すれば、少しだけ難しくなります。

Chapter 4　クラスの中にチーム力を生み出すあそび

クラスで仲良くするあそび-③

73 名前の冒険
私の名前はどこへ行ったの？　友だちと名前を呼び合う

ねらい 名前が次々に入れ替わっていくあそびです。友だちの名前で自己紹介をすることは新鮮で、楽しみながら人と関わるようになります。まだ学級内で関わりの少ない学年始めにも最適です。

あそびかた

先生
はじめのことば
「名前の冒険」というあそびをします。
みなさんの名前が、冒険の旅へと出かけてしまうのです。

1　見本を見せながら、ルールを説明する。

先生
出会った人と自己紹介をします。前でやってくれる人？（挙手・指名）では、山田くんと田中くん、出てきましょう。三好です。

山田です。

先生
自己紹介した相手と名前が入れ替わります。山田です。

三好です。

先生　よろしくお願いします！

先生
先生は山田になりました。山田くんは三好くんになりました。

2　自己紹介するたびに名前が入れ替わる。

先生
そして、次の人と自己紹介をします。

三好です。

田中です。

 田中です。  三好です。

先生
今また名前が入れ替わりました。これで山田くんは田中くんになりました。田中くんは三好くんになりました。これであそび方、分かりましたね。

3 全員が理解できたら、あそびを開始。

先生
全員、起立。それでは、出会った人とやってみましょう。始め！

⚑ ＋ワンポイント
教師は教室の角に立ち、教室全体を眺めるようにします。関わることのできない子は、空いている子のところへ誘導してあげましょう。

4 教師は名前を呼び、名前の居場所を確認。

先生
終わります。全員席へ座りましょう。
では、名前の確認をしますね。
田中くん、いますか～。おっ、いますねえ。山田くん、いますか～。（2人が手を挙げる）おや、分身していますね。佐藤さん、いますか～。おおっと！ いない！ たいへんだ！ 行方不明になってしまいました！ 今日は、たくさんの友だちと関わることができましたね。これで「名前の冒険」を終わります。

― **もっと夢中にさせる コツ**
- 低学年の子には、名前が書かれたカードを持たせてもいいでしょう。
- 名前だけではなく、「○○が好きな田中です」などにすれば、普段関わることのない子の情報を知ることができて、会話のきっかけにもなります。

クラスで仲良くするあそび-④

74 3つの質問で人物当て
一体だれのことなんだ!? 友だちの名前を当てる

ねらい 3つの質問から、だれのことを言っているのかを考えるあそびです。子どもたちは、「もしかして自分のことかもしれないな?」「だれのことなんだろう?」とワクワクしながら質問します。

あそびかた

先生

はじめのことば
今から人物当てあそびをします。当てられるかな?

1 前に出る人を1人決める。

先生

まず、前に1人が出ます。
出てみたい人? では、Aくん。

2 前に出た人は、紙に友だちの名前を書く。

先生

Aくんは、クラスのだれか1人の名前を紙に書きます。この紙に大きく書きましょう。

3 前に出た人へ3回質問。

先生

3回質問をした後、班ごとに答えを考えますよ。質問したい人?

その人は、男子ですか、女子ですか？

男子です。

その人は、休み時間は外と中のどっちであそんでいますか？

外です。

何をしてあそんでいますか？

ドッジボールです。

先生
さあ、一体だれなのか班で相談しましょう。

> **P** ＋ワンポイント
>
> あまりにも人物が特定されてしまうような質問は、「その質問だと答えが分かっちゃうからやめておきましょう」と流すようにします。

4 班ごとに相談して答えを発表。

先生
１班から発表しましょう。（全班が発表を終えてから）Aくん、正解をどうぞ。

（紙を見せながら）Bくんです。

先生
２班、正解！　拍手〜！！

もっと夢中にさせるコツ

- 「その人を動物で例えると？」「背の順は前のほうですか、後ろのほうですか？」「名前は何文字ですか？」など、ギリギリ分かるような分からないような質問をすると盛り上がります。

クラスで仲良くするあそび−⑤

75 ペロリンキラー
キラーはだれだ!? ドキドキハラハラしながら目線を合わせる

ねらい 舌をペロリと出されるとアウトになるあそびです。スリル満点で、子どもたちは大はしゃぎで取り組むため、学級に一体感が生まれます。

あそびかた

先生

はじめのことば
ペロリンキラーというあそびをします。演技力が必要なあそびですよ。

1 キラーを2人決定。

先生

それでは、キラーを決めます。みんな顔を伏せましょう。先生に頭をタッチされた人が「キラー」になります。

2 ルールを説明し、あそびを開始。

先生

顔を上げましょう。今、友だちの中にキラーが2人います。キラーと目が合い、ペロリと舌を出されるとアウトなので、席に座りましょう。座った人は、だれがキラーなのか言ってはいけません。キラーに舌を出されないように気を付けながら、キラーを探し出します。全員、起立。始め！

だれだろう。こわいなあ〜。

3 キラーに舌を出されたら座る。

ペロッ。

しまった！

P ＋ワンポイント

座った子がいたときは、「あっ、なんてことだ！ ○くんがうたれてしまった！」など全体へ伝えれば盛り上がります。

4 キラーがだれなのかを発表。

先生

キラーの2人が分かった人は手を挙げます。ただし、間違えた人はアウトです。はい、Cくん、答えをどうぞ。

AさんとBくんだと思います。

先生

Aさんは正解だけど、Bくんは違うね。Cくん、アウト！ さあ、制限時間は残り2分！ それまでに見つけないと、キラーの勝ちになります。あと1人、分かるかな？

はい！ もう1人はDくんだと思います。

先生

正解！ よく分かったね！

もっと夢中にさせるコツ

- キラーの数を2人、3人、4人と徐々に増やしていきます。
- 制限時間は、全体の様子を見ながら「残り2分！ 見つけられなければキラーの勝ち！」というように示すといいでしょう。

1人ひとりを大切にするあそび-①

76 パンパン手拍子！ リズムに合わせて思い出を伝え合う
山びこコール

ねらい 休み中の思い出を発表するあそびです。いろいろな思い出を聞くことで、お互いに関心をもつようになります。

あそびかた

先生

はじめのことば
お休みの間、どんなことをしていましたか。短時間で全員に思い出を発表してもらう「山びこコール」というあそびをします。

1 ルールを説明する。

先生

今から、リズムに合わせて夏休みの思い出を発表します。テーマは、「行ったところ」「やったこと」「食べたもの」です。1人が発表したら、手拍子「パン・パン」の後に全員で続けて発表してくれた言葉と同じ言葉を言いましょう。例えば、こんな感じです。キャンプ、パンパン！

2 発表する思い出を1つ考える。

先生

それでは、自分が発表する内容を考えましょう。

何にしようかな。すいかかな〜。

私は、おばあちゃんの家にしよう！

3 端から順番に思い出を発表。

先生：それでは、列の端の人からいきますよ。

：すいか。パンパン！

全員：すいか。パンパン！

：兵庫県のおばあちゃんの家。パンパン！

全員：兵庫県のおばあちゃんの家。パンパン！

P +ワンポイント

時々、何も言えずに流れを止めてしまう子がいます。そういうときは、「最後に回すから、それまでに考えておくんだよ。みんなのを聞いて、思い出してごらん」と声をかけます。

4 クイズ形式にしてふりかえりをする。

先生：それではクイズです。北海道へ行った人はだれ？

：はい！　Aくんです！

先生：正解！　よく聞いていましたね。みんなの思い出を知ることができましたね。気になることは、休み時間など聞いてみるといいですよ。

もっと夢中にさせる コツ

- 「Bくんが食べた物は何？」「キャンプしたのは何人？」など、様々なクイズを出題しましょう。
- クイズも終えた後は「田中くんは、山へ行ったんだね。どこの山へ行ったのかな」などと深く掘り下げていきます。教師はどんどん質問を投げかけて、その子と全体をつなぐようにします。

1人ひとりを大切にするあそび-②

77
仲が急速に深まる！　お互いをニックネームで呼び合う
1日ニックネーム

ねらい　1日だけ友だちのことをニックネームで呼ぶあそび。子どもたちは照れながらもうれしそうに呼び合います。呼び名を変えるだけで、友だちとの距離が一気に縮まります。

あそびかた

先生

はじめのことば
みんなには、ニックネームがありますか？
今日は「1日ニックネーム」というあそびをしましょう。

1　自分のニックネームを決める。

先生

自分の呼ばれたいニックネームを決めてガムテープに書き、名札の下に貼ります。今日は、1日中その名前で呼ばれます。思いつかない人は、隣の人に考えてもらいましょう。

　何がいいかな？　　木下さんだから、きーちゃんなんてどう？

2　クラスみんなのニックネームを発表。

先生

それでは、全員のニックネームを「山びこコール」（あそび76：p.166～167）に合わせて発表してもらいましょう。はしの秋本さんから始めましょう（全員確認）。

　あやぴー。パンパン！　全員　あやぴー。パンパン！

3 授業中もニックネームで呼び合う。

先生: それでは授業を始めます。今日だけは、本名を呼んだらアウト。友だちを呼ぶときは、必ずニックネームです。このグラフを見てどう思うのか、となりの人と話をしてみましょう。

▶ +ワンポイント

その日は、どの教科でも子ども同士が関わり合うワークをたくさん取り入れるようにします。

きったん、このグラフを見てどう思う？

冬の降水量が多いね。ぽぽちゃんは、どう思った？

4 帰りの会で終了を告げる。

先生: さあ、これで「1日ニックネーム」を終わります。ガムテープをはがしましょう。今日1日、ニックネームで呼ばれてどう感じましたか？

はじめは照れくさかったけど、だんだん慣れてきました。

普通に呼ばれるよりも、仲良くなれたような気がしました。

先生: なるほど。呼び方一つでうれしい気持ちになるのですね。逆に、「山田！」「田中！」なんて呼び捨てにされたらどうでしょう。ちょっとイヤな気持ちになりますよね。これからは、人の名前の呼び方について考えるようにするといいですね。

もっと夢中にさせるコツ

- その日をきっかけに1年間ニックネームで呼び続ける子もいます。
- 学校で「児童のことを"〜さん"と呼ぶこと」など決まっている場合は、学年主任や管理職の先生に相談してから取り組むようにしましょう。

1人ひとりを大切にするあそび-③

78 福の紙
いいことするって楽しい！　バレないように人のために行動する

ねらい 友だちにバレないように、こっそりいいことをするあそびです。人のために行動することの心地よさに気付きます。

あそびかた

先生

はじめのことば
今日は、「福の紙」というあそびをします。友だちの福の神になりましょう。

1 紙に名前を書いて回収。

先生

紙（B5サイズの半分）を配ります。大きく名前を書きましょう。書けたら4つ折りにします。班長は紙を集めて、前の袋へ入れてください。

2 ルールの説明後、回収した紙をランダムに配付。

先生

さっき書いた紙を配ります。今日は、その紙に書かれた名前の人の福の神になって、その人にバレないように、こっそりといいことをしましょう。帰りの会で、だれの福の神だったのか、どんないいことをしたのか、正体を明かしてもらいますよ。

　よ〜し、がんばるぞ！　　　何をしようかな〜？

3 1日を通して、その人のためのいいことをする。

あれっ、教科書が準備されている！

わっ、ランドセルが整ってる！だれがやってくれたのかな？

P ＋ワンポイント
1日の間に何度か「もう"いいこと"はできましたか？」と尋ねます。できていない子がいたら、休み時間に「あの子の鉛筆が落ちてるよ。拾ってあげたらいいんじゃないかな」など、こっそりと声をかけます。

4 帰りの会で正体を明かす。

（先生）正体を明かし、やったことを伝えましょう。

僕がAさんの福の神でした。椅子をしまったり、鉛筆を拾ったりしたよ。

そうだったの!?　ありがとう！

（先生）やってみてどう感じましたか？

楽しかったです。またやりたいな！

いいことするって面白いなと思いました。

（先生）そうですね。人のために何かをするのって、何だかワクワクしますよね。これで「福の紙」を終了します。

もっと夢中にさせる コツ
- 授業時間数が多く、教室での活動が多い日にやるといいでしょう。

1人ひとりを大切にするあそび-④

79 一日十善

人のために動くのはいいことだ！ 良い行動の価値に気付く

ねらい 1日に人のためにどれだけいいことができるかかぞえるあそびです。人のために行動することの価値に気付くことができます。

あそびかた

先生
　はじめのことば
　今日は水泳選手の田口信教(のぶたか)さんのお話をしますね。

1 「一日十善」の話をする。

先生
　田口さんはオリンピックでなかなか金メダルが取れずに悩んでいましたが、実力以外の何かが金メダルと銀メダルを分けていると考え、それは「運ではないか」と思うようになりました。そして、「一日一善」と紙に書き、家の壁へ貼り出しました。しかし、これを見たコーチは「一日一善で金メダルを取れるなら簡単だ」と言って、1本の線を書き足しました。さて、何善になったのでしょう？

　一日二善じゃないかな？

先生
　なんと、一日十善になりました。1日に10個のいいことをするのは、想像以上にたいへんなことで、道のゴミを拾う、電車で席を譲る……。毎日、猛練習と一日十善を続け、田口さんはミュンヘンオリンピックで念願の金メダルを取りました。今日は、田口さんのようにいいことをやってみましょう。

2 ルールを説明する。

先生
　いいことを1つすれば一善。2つすれば二善。十善できれば合格です。

3 人のためになることをしながら、数をかぞえる。

ゴミが落ちているぞ。拾って一善！

みんなの机を整えよう。これで三善！

P ＋ワンポイント
「十善は無理だよねえ」と挑発します。すると、「できる！」「二十善くらいできるよ！」と張り切ります。

4 帰りの会で確認する。

先生
さて、今日1日で何善できましたか？

十五善！ 三十膳！

先生
ええっ、すごい！ 人のためにたくさん行動できたのですね。やってみてどう思いましたか？

すごく気持ちよくて、これからも続けたいと思いました。

準備をしてもらったとき、すごくうれしかったです。

先生
人のために行動すると、自分も相手も気持ちよくなれるのですね。大切なことに気付きましたね。これで「一日十善」を終わります。

もっと夢中にさせるコツ

● たくさんの善の活動に取り組めるように、あえて配付物を多めに用意しておくなどするといいでしょう。

1人ひとりを大切にするあそび-⑤

80 きらりハンター

きらり発見！ 友だちと「いいところ」を認め合う

ねらい 友だちの良い行動をこっそり見つけることで、友だちへの関心を持たせます。また、自分のいいところを人から認めてもらうことで、良い行動を続けていくようになります。

あそびかた

先生

はじめのことば
みなさんにハンターになってもらいます。その名も「きらりハンター」です。

1 紙に名前を書いて回収。

先生

紙を配りますので、名前を書きましょう。書けたら2つ折りにして、名前が見えないように班長は回収してください。そして、この紙をもう一度配ります。名前が書かれている人のきらりと光るいいところを見つけましょう。きらりを1つ見つけたら「赤ちゃんハンター」、2つ見つけたら「見習いハンター」、3つ以上なら「一人前ハンター」です。となりに座っている子は「ペアハンター」です。いいところがなかなか見つけられない場合は、ペアハンターに相談しましょう。

2 いいところを見つけるために観察開始。

あっ、プリントを配ってくれている！窓も開けてくれている。見つけた！

3 その日最後の授業15分を使って、見つけたきらりの感想を書く。

先生
友だちのきらりを見つけて思ったことを、ふきだしの中に書き込みましょう。書き終わった人は、人型の中へ自分の顔を書きます。そして、ペアハンターに見つけたきらりを発表しましょう。ペアハンターと紙を交換し、人のきらりを聞いて思ったことをふきだしの中に書き込みましょう。

＋ワンポイント
顔が書けた子は、色も塗ります。文を書くのが遅い子との時間差を埋めます。

4 きらりを本人に伝えて感想を書き、発表してふりかえりをする。

先生
見つけたきらりを本人へ伝えましょう。

私は、Aくんのきらりを7つ見つけました。Aくんは、友だちのノートを配ったり、教室移動のときに教室の電気を切ったりして、気配りがすごいです。これから真似したいと思いました。

先生
伝え終わった人は感想を書きましょう。
さて、きらりを伝えてもらって、どう思いましたか？

がんばっているところを見つけてもらえてうれしいです。

先生
がんばりを友だちがちゃんと見てくれているんだね。これからも良い行動を続けて、お互いに認め合っていけるといいですね。

もっと夢中にさせるコツ

- きらりの数が少ない場合は、「ハンターさん、まだまだ修行が足りないねえ〜」とフォローし、見つける側の責任とします。

＊「きらりハンター」の資料は224～225ページに掲載。

Column 4
学級あそびでつながり合う子どもたち

「もう、あんたのせいでダメになったやんか！ うわ〜ん！」
　今日もまたＦさんが泣き叫んでいます。Ｆさんはいつも怒っていました。自分に非があっても人のせいにしてしまい、大きな声で泣きわめくのです。ほかの友だちも、「Ｆさんは自分勝手すぎる」と困っていました。Ｆさんがトラブルを起こすたび、学級にはギスギスした雰囲気が漂いました。
　あるとき、Ｆさんはこんなことをつぶやいていました。
「どうせ私のことなんて、みんな嫌いなんや。私なんて、おらんほうがええんや」
　その言葉からは、強い自己否定の気持ちが感じられました。私は、Ｆさんに自信をもってほしいと思いました。いいところを認め合うあそびはできないだろうかと考え、１週間おきに３つの学級あそびを行うことに決めました。
　①福の紙（あそび78：p.170〜171）
　②一日十善（あそび79：p.172〜173）
　③きらりハンター（あそび80：p.174〜175）
　はじめに「福の紙」と「一日十善」に取り組み、友だちのために行動することを習慣づけます。それから「きらりハンター」へつなげることにより、友だちのいいところを見つけやすくなるようにしました。Ｆさんも、ほかの子どもたちも、あそびをめいっぱい楽しんでいました。「きらりハンター」を終えた日の放課後、Ｆさんがうれしそうに話しかけてきました。
「今日、めっちゃ面白かったな」
「何が？」
「自分のいいところなんて、１つもないと思っててん。でもな、私のいいところを７個も見つけてもらえた」
「うれしかったんか？」
「うん。なんかな、がんばろうって思った」
　その後、Ｆさんのケンカは少なくなり、人のために行動する姿も見られるようになりました。そんなＦさんの変化を、まわりの子も認めていました。そのまま、楽しく１年間が過ぎていきました。
　学年が変わり、違う担任の先生がＦさんを受け持つことになりました。ある日、その先生が不思議そうな顔をして「Ｆさんが、こんなことを書いていましたよ。どういう意味なんですか？」とノートを見せてくれました。
「自分からすすんでがんばります。一日十善です」
　Ｆさんの大きな字を見て、学級あそびで学んだことがＦさんの心に残り続けているのをうれしく感じました。

Chapter 5
クラス全員で1つになって学ぶ楽しさを体感させるあそび

授業の一部にあそびを組み込めば、活動に勢いが生まれます。授業の導入、すきま時間で効果を発揮！子どもが勉強に熱中する学級あそびを紹介します。

★ 考えを尊重し合うあそび
★ 集中して勉強するあそび
★ 一緒に考えるあそび
★ ゴールを目指す音読あそび

考えを尊重し合うあそび-①

81 何の食べ物？　教師の動きから答えを当てる
ジェスチャー分かるかな？

ねらい 教師の動きから何を表しているのかを考えるあそびです。食べ物や動物など、様々な方面へ関心をもたせます。

あそびかた

先生

はじめのことば
みなさんの好きな食べ物は何ですか。先生の好きな食べ物は、からあげです。今日は当てっこをするあそびをしましょう。

1 動いてみせながらルールを説明する。

先生

今から、先生が何かを食べている動きをします。
何の食べ物を食べているのか、当てられるかな？

2 問題を出す。

先生

パクパク……。

分かった！　ハンバーガーだ！

先生

正解！　よく分かりましたね。

3 テーマを変えていく。

先生：次はこれです。ムシャムシャ……。

う〜ん……。

あっ！ おにぎり！

先生：正解！

P ＋ワンポイント
できるだけ分かりにくいポーズから始めるといいでしょう。はじめは全員が「？」と首を傾げ、最後には全員が「分かった！」と言えるような動きがベストです。

4 5つほど出題して、あそびを終了。

先生：みんな、先生の動きをよく見ていましたね。難しい問題なのに、手を挙げることができた人はすごい！

もっと夢中にさせるコツ

- ほかにも次のような食べ物がいいでしょう。子どもが好きそうな食べ物を選ぶようにします。
  （例）カレーライス、ゆでたまご、スパゲッティ、お茶漬け、ラーメン、たこ焼き、みかん、ステーキ、バナナ、カニ、スイカ、フライドポテト、ポップコーン、とうもろこし
- お題を書いた紙を見せて、子どもにやってもらうのもいいでしょう。
- 教科に関連するテーマにすると、授業の導入として活用することができます。例えば、お米の食べ物をジェスチャーで表現した後に、「今日はお米の勉強をします」と始めます。

考えを尊重し合うあそび-②

82 箱の中の物は何だ!? 質問をして答えを考える
私はな〜に？

ねらい 教師が箱の中の物になりきり、子どもが質問をして答えを考えるあそびです。隠されていると中身が気になり、子どもたちの興味や関心が高まります。授業の導入に最適。

あそびかた

はじめのことば
先生：今日は、これを使った授業をします。
ジャン（箱を取り出す）。あらら、中身は見えませんね。

1 ルールを説明する。

先生：この箱の中に、あるものを入れています。それが何なのかを当てましょう。

2 教師がそのものになりきって答える。

先生：いきなり当てるのは無理ですね。
いくつか質問をしてください。
先生が、ここに入っているものになりきって答えます。

この学校にありますか？

先生：はい、あります。

どこにいますか。

先生：いつも、中庭にいます。

中庭で何をしていますか？

先生：フラフラと揺れています。

3 分かった人を指名する。

先生:「答えが分かった人？」

「分かった！ タンポポだ！」

先生:「ほほう、なるほどね。ほかの考えの人もいますか？」

「カラスノエンドウだと思います。」

＋ワンポイント

そのものの雰囲気を考えて、教師は声色を変えると面白いです。タンポポなら高い声、国語辞典なら低い声などというようにです。

4 答えを発表。

先生:「それでは、答えを発表します。答えは、これです。ジャジャーン！」

「やったあ、正解だ！」

先生:「そう、答えは、タンポポでした。今日は、タンポポを使った勉強をします。」

もっと夢中にさせるコツ

- ダンボール箱に黒の画用紙を貼り付け、そこに「？マーク」も付ければハテナボックスのできあがり。教室に1つあるだけで、いろいろな場面で使うことができます。
- 主に理科や社会科、生活科で使用します。写真や小物など、授業で使う素材を入れるといいでしょう。

Chapter 5 クラス全員で1つになって学ぶ楽しさを体感させるあそび

考えを尊重し合うあそび-③

83 いくつ探せるかな？ 子どもがグッと集中する
いくつで進化

ねらい 意見をたくさん考え出すあそびです。考えれば考えるほど、レベルが上がります。

あそびかた

先生

はじめのことば
今日は、この絵を見て勉強します。
絵を見て、思ったこと、考えたことをノートに書きましょう。

1 進化の基準を発表し、黒板に書いておく。

先生

考えを多く書けば書くほど、だんだん進化します。3個なら小学1年生、5個で小学3年生、7個で小学6年生、10個で中学生、13個で高校生です。さあ、どこまでいけるかな。

2 あそびを開始。

先生

では用意、始め！

よし、中学生になった！

もうすぐ高校生だ！

＋ワンポイント

最高レベルまで進化できた子が現れたら、「17個書けたら大学生だ！」とさらに先を追加します。また、鉛筆が動き出さない子がいた場合には、「2個だと幼稚園（保育園）。1個だと赤ちゃん。0個だと……おなかの中だよ！」と付け加えます。子どもたちは「おなかの中はいやだ〜！」と焦って書き出すようになります。

3 考えた意見を発表。

先生:「それでは発表しましょう。」

道具を持っている人がいます。

お米がたくさん作られています。

建物の階段がデコボコになっています。

4 友だちの意見をノートに書く。

先生:「はい、そこまで。今、聞いた意見をノートに書きましょう。さっきよりも進化することができましたか？
友だちと一緒に学ぶと、自分一人では気付かなかったようなことにも気付くことができますね。」

もっと夢中にさせるコツ

- 「"あ"のつく言葉を考えましょう」「海の生き物といえば何？」「グラフを見て考えたことを書きましょう」「理由を箇条書きにして書いてみましょう」など、さまざまなテーマで活用することができます。
- ほかにも、次のようなバージョンでやってみるといいでしょう。
  （例）【先生】小学生→中学生→高校生→大学生→教育実習生→先生→教頭先生→校長先生
  【野球選手】たまひろい→野球少年→甲子園球児→プロ2軍選手→プロ1軍選手→MVP選手→メジャーリーガー→監督
  【陸の生き物】ミミズ→ハムスター→犬→ウシ→サイ→キリン→ゾウ→ティラノサウルス
  【水の生き物】ミジンコ→エビ→マグロ→イルカ→シャチ→サメ→ダイオウイカ→マッコウクジラ

考えを尊重し合うあそび−④

84 漢字探し
どんな漢字を見つけられるかな？　１つの形からさまざまな漢字を探す

ねらい　漢字学習の時間のマンネリ化を打開し、新鮮な気持ちで取り組むことができるようになります。

あそびかた

先生

はじめのことば
今から、漢字探しというあそびをします。
たくさん見つけるためには、やわらかい頭が必要ですよ。

1 例を見せながら、ルールを説明する。

先生

□に二画足して漢字にします。例えば、縦の線と横の線を１本ずつ引くと、田んぼの田になりますね。

なるほど！

先生

５分間でいくつ見つけられるかな。
５つ見つけられたらすばらしいです！

2 漢字探しを開始。

先生

それでは、用意、始め！

　あっ、見つけた！

あったぞ！

3 答えを発表。

先生

いくつ見つけられましたか？
1つの人？　2つの人？……
（確認を終えてから）
それでは、見つけた漢字を発表しましょう。

＋ワンポイント

「さすがにこれ以上はもうないよね」と挑発するような言葉をかけると、「まだあります！」と意欲的に発表するようになります。

4 学んだことのふりかえりをする。

先生

1人で考えても5〜10個くらいしか思いつきませんでした。でも、みんなで考えると、こんなにたくさん見つけることができました。みんなで勉強すれば、1人では思いつかないこともたくさん考えることができますね。

もっと夢中にさせるコツ

- 答えは、囚、四、目、田、申、由、甲、旧、旦、白、古、占、召、台、只、兄、号、叶、叱、加、石、右、史、句、可、司など。戸、巴、尺など途中から足すのは却下とします。
- 「いくつで進化」（あそび83：p.182〜183）を取り入れるとさらに盛り上がります。「1〜2個だと赤ちゃん。3〜4個だと幼稚園。5〜6個だと……」と2個刻みくらいで進化するといいでしょう。
- 「思いつかない子が多いときは、残り3分は教科書を見ていいことにします」と呼びかけます。教科書の巻末に漢字が載っていますので、そこを参考にするといいでしょう。
- 高学年であれば3画足した漢字探しも挑戦させましょう。次のような漢字があります。名、吁、各、吉、吃、吸、叫、后、向、合、吊、吐、吋、同、吏、亘、回、早、団、扣、西、虫、仲、百、旭、如、自、因、曲、旨、旬、曳、冲、舌。

考えを尊重し合うあそび-⑤

85 文字ミッケ
どんな文字が隠れているかな？　形の中から漢字を見つける

ねらい　図形の中から漢字を見つけ出すあそび。子どもたちは夢中になって探し出します。友だちと教え合うことの良さにも気付くことができます。

あそびかた

先生

はじめのことば
漢字探しあそびです。ある形の中から漢字を探します。さあ、いくつ見つけられるでしょうか。

1 ルールを説明する。

先生

紙を配ります。配られた人は、先生とまったく同じ形の図を書きましょう。縦に3本。横に3本。斜めに2本書けば完成です。この形の中から漢字を見つけ出します。

2 例を見せる。

先生

例えば、上・中・下の3本の線をなぞれば、「三」いう漢字が見えますね。このように、線の中のどれかを使って字を作るのです。

あっ、見えてきたよ！

3 自分の考えを書く。

先生：では、紙に答えを書きましょう。

よし、見つけたぞ！

あった！　これも漢字だ！

P +ワンポイント

難しい字を見つけた子には、首をかしげながら「ん？　どうやってみたらそうなるの？」と尋ねましょう。子どもたちは詳しく説明してくれます。

4 見つけた字の数を発表。

先生：そこまで。手を止めましょう。いくつ書けましたか。
（個数の確認後）それでは、見つけた漢字を1つずつ発表しましょう。
（発表後）1人では見つけることのできない字も、みんなでやれば考え出すことができます。これがみんなで学ぶことの良さですね。

もっと夢中にさせるコツ

- 「いくつで進化」（あそび83：p.182〜183）を取り入れると、さらに盛り上がります。「5個で1年生、10個で2年生、15個で3年生……」と5個きざみにするといいでしょう。
- 答えには、以下の漢字が考えられます（計92個）。
  （例）一、乙、二、十、人、入、八、几、刀、力、又、九、七、丁、口、土、士、大、子、寸、小、山、川、工、己、巳、已、巾、干、千、上、下、三、小、万、久、亡、心、戸、斗、斤、方、日、曰、木、欠、比、氏、水、火、爪、父、犬、太、王、内、巴、円、天、元、止、少、分、区、予、不、尺、玉、田、矛、石、示、禾、穴、旧、出、外、兄、只、氷、平、以、圧、刊、召、米、羽、名、因、灰、困、品

Chapter 5　クラス全員で1つになって学ぶ楽しさを体感させるあそび

集中して勉強するあそび-①

86 集中して読み上げろ！ 漢字を高速で読み上げる
下読み1分間

ねらい 新出漢字を高速で読み上げるあそび。新しい漢字に慣れ親しみ、読み間違えることが少なくなります。制限時間の中で行うので、集中力もアップします。

あそびかた

はじめのことば
国語の教科書を使ったあそびをします。口と手を高速で動かしましょう。

1 ルールを説明する。

教科書の下の部分に、新出漢字が書かれていますね。まずは、先生が読みますので、後に続いて音読しましょう。読み方が分からない字には、読みがなを書き込んでおきましょう。心情！

 心情！　（先生）  表現！　表現！

2 1分間を計る。

それでは、今から1分間を計ります。その間に、1人で今読んだ新出漢字を読みます。最後まで読んだ人は、2周目を読みます。2周目にたどり着くことができたらすごいよ！

 よーし、がんばるぞ！

188

3 準備ができたら開始。

先生：それでは、用意、始め！

心情、表現、任す、現れる、実際、態度……。
よし、2周目！
心情、表現、任す、現れる、実際、態度……。

P ＋ワンポイント

あらかじめ、指を教科書のページに差し込んでおけば、早くページをめくることができます。「スタートする前に準備しておくと早いよ！」と声かけするといいでしょう。

4 どこまで読むことができたのかを確認する。

先生：それでは、確認をしますね。0～9ページの人？ 10代、20代、30代、（続けて聞いていく）……110代。2周目以上いった人？

2周目の12ページまでいきました！

先生：すごい！ 明日もまたやりますから、今回の記録を覚えておきましょうね。

もっと夢中にさせるコツ

- 教科書を早く出させたいときに、「はい、下読み1分間。よ～い」と言うと、子どもたちは「待ってください！」と慌てて教科書を出します。「教科書を出しましょう」と言って待つ時間が省略できます。
- 2回目以降は、「前回の記録を超えた人？」という確認にしてもいいでしょう。

集中して勉強するあそび-②

87 復習スピード
スピードアップして解き切ろう！ 復習問題に全力で取り組む

ねらい 同じプリントをどこまでできるか、すばやく解いていくあそびです。解くのが速い子も遅い子も、みんな集中して取り組むことができます。

あそびかた

先生

はじめのことば
解くスピードが速い人は、賢い人です。
今日は問題を解くスピードを上げられるように
プリントを解いてみましょう。

1 プリントを配りながら、ルールを説明する。

先生

復習プリントをします。終わったら裏面へ。裏面も終わったら、教卓へ次のプリントを取りにきましょう。5分間で、どこまで解くことができるかな？

よし、裏面まで解くぞ！

2 準備ができたら開始。

先生

準備はできましたか。
それでは始めます。用意、始め！

3 速くできた人は、裏面を解く。

よし、できた！

終わった！　2枚目をもらいます。

えっ、2枚目！？　速いな〜！
先生

P ＋ワンポイント
教師は、計算が苦手な子について教えます。表面をやりきることができるようにサポートしましょう。

4 5分たったら終了して、答え合わせ。

はい、やめ！　どこまで解けましたか。
先生

1枚目の裏面までいったよ！

2枚目までできました！

よくがんばりましたね！
それでは、答え合わせをします。
先生

もっと夢中にさせるコツ

- 復習プリントをB5裏表印刷して用意します。100枚あれば十分です。
- 計算の分量は、速い子が1分程度で解き切ることのできる問題数がのぞましいでしょう。速い子は次々とプリントをこなしていくことにより、達成感を味わうことができます。
- 内容として文章問題はふさわしくありません。計算練習の問題を中心として出題します。

Chapter 5　クラス全員で1つになって学ぶ楽しさを体感させるあそび

集中して勉強するあそび-③

88 九九あそびの班対抗戦！ 班で協力して速く問題を解く
100ます計算バトンタッチ

ねらい 算数の授業開始時におすすめのあそびです。九九の確認ができる上、友だちから九九を教えてもらうこともできます。班に一体感が生まれ、協力して活動する力が育まれます。

あそびかた

先生
はじめのことば
今日は、教室でリレーをします。頭をつかうリレーです。その名も「100ます計算バトンタッチ」！

1 ルールを説明する。

先生
1人10ますずつ左側から縦に計算をします。終わったら、次の人に紙を渡します。班長から、時計回りに回していきましょう。班の人は、ヒントを言ってあげても構いません。終わったら、班全員で「ハイ！」と手を挙げましょう。

2 準備ができたら開始。

先生
それでは、いきますよ。用意、始め！

2×3＝……。

2×3＝6だよ！ 急いで〜！

3 終わった班が次々に挙手。

＋ワンポイント
教師は指さしながら順位を伝えていきます。最後の班まで順位を伝えましょう。

4 すべての班が終われば終了。

はい、やめ。協力して解くことができましたね。これで、「100ます計算バトンタッチ」を終わります。プリントを集めましょう。

もっと夢中にさせるコツ

● 終わった後、そのままにしておくと、終わった班があそび出してしまうことがあります。そこで取り入れたいのが「復習スピード」（あそび87：p.190～191）の考え方。用紙の裏表に印刷しておくのです。「終わった班はどこまで解けるか挑戦してごらん！」とすれば、終わった班も活動し続けることができます。

＊「100ます計算」の資料は221ページに掲載。

集中して勉強するあそび-④

89 1ページ丸暗記！ 班で協力して覚え切る
1ページ丸暗記テスト

ねらい 班で協力して復習するあそび。全員が理解できていないとクリアできないので、自然と教え合う雰囲気が生まれます。

あそびかた

はじめのことば
次回の理科の授業では、テストをします。突然テストだと難しいので、今日は学習したことを復習しましょう。

1 まとめのページを読む。

理科まとめのページを開きましょう。先生が先に読みますから、後に続いて読みます（最終的に全文を読む）。「植物が発芽したり成長したりする条件！」

「植物が発芽したり成長したりする条件！」

「植物が発芽するには。」

「植物が発芽するには。」

2 丸暗記テストのルールを説明し、班ごとに教科書の音読を開始。

今読んだところを、班で1回読みましょう。読み終わったら、班全員で先生のところへ並びます。教卓の前から、エルの字になるように並びます。先生が1人1問ずつ問題を出します。全員正解なら合格！
それでは、音読から。用意、始め！

3 読み終わった班からテストを受けにいく。

先生: それでは、読み終わった班からこちらへ並びましょう。
第1問。発芽に肥料は必要である。○か×か？

×！

先生: 正解！ 次の人。
植物が発芽するための条件は、水、空気、それからもう1つは何？
5、4、3、2、1……ブー！
正解は、適正な温度。
もう1回、班のみんなでまとめのページを読んでおいで。はい、次の班！

P ＋ワンポイント

1周目で合格を出さないように、最後の1人にはできるだけ難しい問題を出すようにします。そのほうが、各班で勉強をすることができます。

4 班全員が解けたら合格。

先生: （班の最後の1人に）
発芽する条件を3つ答えなさい。

水、空気、適正な温度です。

先生: よし、全員合格！

やったー！

もっと夢中にさせるコツ

- 理科の教科書には、まとめのページがあります。見開き2ページなど、範囲を指定して行うようにしましょう。
- 終わった班は、自分たちで問題を出し合って勉強します。

集中して勉強するあそび−⑤

覚えられるかな？　ペアで暗唱のお手伝いをし合う
お手伝い暗唱

ねらい　詩の暗唱は1人でやると難しいものです。ペアで教え合いながら練習することにより、暗記力を高めます。

あそびかた

先生

はじめのことば
ペアの人のお手伝いをしながら暗唱にチャレンジしてみましょう。

1　見本を見せながら、ルールを説明する。

先生

Aくんと見本を見せます。ジャンケンをして、勝ったほうが暗唱にチャレンジします。先生が勝ったから、先生から。「祇園精舎の鐘の……。」分からなくなったら、1文字か2文字ヒントを与えます。

こ、こ……。

先生
「声！　諸行無常の……」

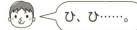
ひ、ひ……。

先生
「響きあり！」このようにやります。最後まで読み終わったら交替します。

2　となりの人と暗唱の練習を開始。

先生
では、となりの人と練習しましょう。ジャンケンして勝ったほうから読みます。始め！

ジャンケンポン！　勝った。
私からね。「祇園精舎の鐘の声……。」

 しょ、しょ……。
 「諸行無常の響きあり！」

3 終わったら交替。

 よし、終わり。交替しよう！

 次は僕だ。「祇園精舎の鐘の声。しょぎょうむぎょうの。」

 ストップ。「諸行無常」だよ！

+ワンポイント
「ヒントをもらう回数が、だんだん少なくなるといいね！」と声かけをします。

4 覚えられたかどうかを確認する。

 はい、そこまで。覚えられましたか？ それでは、全員で読んでみましょう。間違えずに読めた人？ すごい！ 今日は、となりの人のおかげで暗唱ができるようになりました。感謝の気持ちを伝え合いましょう。

先生

 ありがとう！　　 こちらこそ、ありがとう！

もっと夢中にさせるコツ

- 全体で音読練習を十分にした後で「お手伝い暗唱」を行うようにします。
- このあそびが終わった後は「1人でも読める人は？」と、1人暗唱にチャレンジさせてもいいでしょう。

Chapter 5　クラス全員で1つになって学ぶ楽しさを体感させるあそび　197

一緒に考えるあそび-①

91 ジャンケンで計算！ 友だちと計算の速さを競う
算数ジャンケン

ねらい 友だちと計算の速さで勝負します。友だちと競い合いながら計算練習をします。友だちとの関わりを増やしながら、計算の基礎も鍛えます。

あそびかた

先生
はじめのことば
ジャンケンで計算練習をします。
その名も「算数ジャンケン」です。

1 ルールを説明する。

先生
「算数ジャンケン、ジャンケンポン」というかけ声の後、1～5本の指を出します。お互いの指の数で足し算をします。速く答えを言ったほうが勝ち。

2 となりの人と算数ジャンケンの練習。

先生
まずは練習です。
となりの人と勝負をしてみましょう。

 算数ジャンケン、ジャンケンポン！

 4！ わ～い、勝った！

 もう1回やろう！

3 立ち歩いて、いろいろな友だちと勝負。

先生

全員、起立！
今から歩き回って、いろいろな友だちと勝負してみましょう。3人の友だちに勝ったら座ります。制限時間は、1分！　用意、始め！

一緒にやろうよ。
算数ジャンケン、ジャンケンポン！

P ＋ワンポイント

答えるのが遅い子には、「自分の出す手を先に決めておくといいね！」とアドバイスしましょう。

4 1分たったら終了。

先生

はい、そこまで。
全員座りましょう。1分間で3人に勝てた人？　よくがんばりました。明日は少し違う算数ジャンケンをしますよ。お楽しみに。

もっと夢中にさせるコツ

- 日によって違うパターンで取り組むといいでしょう。次のようなものがあります。
　(例) 引き算：指の数が大きいほうから小さいほうを引く。
　　　かけ算：お互いの指の数をかける。
　　　わり算：指の数が大きいほうを小さいほうでわる。
　　　　　　　余りまで答える。
- 両手で行うと10まで出すことができるので、いっそう難しくなります。

一緒に考えるあそび-②

92 1、2、3！ 友だちと数字をかぞえ合って勝負
20でドカン

ねらい 3ずつ数えて、20を言ったらアウトになるあそびです。算数の授業で時間が余ったときや、盛り上がりに欠けるときに、息抜きとしておすすめです。

あそびかた

はじめのことば
「20でドカン！」というあそびをしましょう。頭をつかわないと、勝てませんよ。

1 ルールを説明する。

20を言ったらアウトになるあそびです。Aくん、見本になってください。3つ以内の数を交替しながら数えます。1、2、3。

4、5、6。

3つ以内ですから、2つでもOKです。もちろん1つでもいいです。18、19。

20！

ドカン！ このように、20を言ったほうが負けになります。

2 ペアで勝負。

それでは、となりの人と勝負をしましょう。ジャンケンで勝った人から始めます。どうぞ。

 ジャンケンポン。1、2、3。 4、5。

（中略）

19。

20！ ドカン！
うわあ、負けちゃった！ もう1回！

3 相手を変えて勝負。

先生

今度は、前後の人と勝負をしましょう。

P ＋ワンポイント

「絶対負けないっていう人？」と呼びかけて、
2人を指名して対戦させると盛り上がります。

4 教師も勝負。

先生

先生は負けたことがないんだよね。

じゃあ、先生やろう！

先生

よし、いいよ。ジャンケンポン。
1、2、3。

（中略）

先生

17、18、19。

20！ 本当だ、先生、強い！

もっと夢中にさせる コツ

- 3、7、11、15、19を言えば確実に勝つことができます。子どもには教えません。自分で規則性を見つけ出せた子をほめます。
- 少しだけ数を変えても面白いです。「25でドカン」「30でドカン」「40でドカン」など。

Chapter 5　クラス全員で1つになって学ぶ楽しさを体感させるあそび　　201

一緒に考えるあそび-③

93 パズルでクイズ
だれが持ってるの？ 友だちを探して課題に挑戦する

ねらい グループで協力してクイズを解くあそびです。パズルを見つける過程で、たくさんの子との関わりを生み出します。声をそろえて答えることで、一体感も高まります。

あそびかた

はじめのことば
今日はあそびをクリアできた人から帰ります。「パズルでクイズ」というあそびです。

1 ルールを説明する。

これからパズルを配ります。パズルを組み合わせて、クイズを解きます。解けたら先生のところへ答えを言いにきてください。正解したグループから帰ることができます。

よーし、クイズだ！ がんばるぞ！

2 パズルを配付する。

それでは、紙を配ります。
まだ中身を見てはいけません。

どんな問題なのかなあ？

3 紙を配られたら、あそびを開始。

先生：全員起立。それでは、用意、始め！

ぴったり当てはまるかな？

う～ん、形が違う！

あっ、一緒だ！　やったあ！

P ＋ワンポイント

「出会った人と、どんどん紙を見せ合ってみよう！」と声かけしましょう。

4 クイズに正解したグループから帰宅。

先生：問題と答えを言ってみましょう。

グループ：かけっこをするときにあらわれるどんぶりってなーんだ？
"よーいどん！"

先生：正解！　よく分かったね。すばらしいチームワークだ！

グループ：やったあ！　さようなら！

先生：はい、さようなら！

もっと夢中にさせるコツ

- クイズは、ワードB4サイズにクイズの文を打ち込めば完成です。文字の大きさは、110ポイントが目安です。
- クイズは、子どもから募集したものを採用しても面白いです。「○くんの問題」などと書けば、クイズを考えた子も大喜びです。

＊「パズルでクイズ」のクイズの文例は226ページに掲載。

一緒に考えるあそび-④

94 教科書ウォーリーを探せ
どっちが先に見つけられるかな？　教科書の中の絵を探す

ねらい　教科書に大きな挿絵が出てきたときにやるあそびです。子どもたちは、絵の中の細かい部分まで観察するようになります。

あそびかた

先生

はじめのことば
みんな、「ウォーリーを探せ」をやったことはあるかな？
今日は、教科書の絵で「あるもの」を探してみるよ。

1 教科書を準備する。

先生

となりの人とジャンケン。
勝った人が教科書のページを開いて、
2人の間に置きます。

ジャンケンポン。

勝った！　じゃあ、僕が開くね。

2 ルールを説明する。

先生

先生が今から「あるもの」を言います。
絵の中から見つけて、指をさします。
早く指させたほうが勝ちです。

3 教師が絵の中にあるものを順番に言います。

先生：赤色の車。
あった！

先生：白い馬。
あった！

先生：オレンジ色の帽子の男の子。
見つけた！

🚩 **＋ワンポイント**
簡単なものから始めて、だんだん難しくするといいでしょう。「問題を出してみたい人？」と子どもから出題させても盛り上がります。

4 10問ほど出題したところで、あそびを終了。

先生：はい、そこまで。教科書の挿絵で楽しむことができましたね。今日は、この絵を使った勉強をしますよ。

もっと夢中にさせるコツ

- 「となりの人と問題を出し合ってみましょう。5秒以内に答えられなければアウト。1回ずつ交替でやります。ジャンケンで勝ったほうから問題を出しましょう」というルールにしても楽しむことができます。
- 国語科や社会科、生活科の挿絵でやると効果的です。
- 地図帳でも同様に行うことができます。「先生が言う地名を見つけるんだよ」とすれば、地図を見る力も育ちます。

一緒に考えるあそび-⑤

95 通るたびに暗唱だ！ 楽しく九九を覚える
九九の関所

ねらい 九九を言わなければ扉を通れないあそびです。1日に何回も言っていれば、自然と暗記できるようになります。

あそびかた

先生
はじめのことば
今日の教室の扉は関所です。
関所は、ある言葉を言わなければ通ることはできません。

1 ルールを説明する。

先生
教室の入り口を通るときは、必ずあることを言わなくてはなりません。今日のお題はこれです。
ジャン。九九3の段。

2 教師が見本を見せる。

先生
例えばこのようにやります。「3×1＝3、3×2＝6……3×9＝27」。
こうやって、言い終わったら外に出ることができます。

わあ、面白そう！

3 休み時間になったらあそびを開始。

先生:「では、授業を終わります。」

「あそびに行こう！
さんいちがさん、さんにがろく、
　（中略）
さんくにじゅうしち！
よーし、行こう！」

P +ワンポイント
もちろん教師も一緒になってやります。給食を受け取りにいくときや移動教室など、どんなときでもやって出ます。

4 「さようなら」の後も言ってから帰宅。

先生:「（帰りの会で）今日は関所がたいへんだったけれど、よくがんばりました。それではみなさん、さようなら！」

全員:「さようなら！」

「さんいちがさん、さんにがろく、
　（中略）
さんくにじゅうしち！」

もっと夢中にさせるコツ

- 扉にお題を書いて貼っておけば、忘れずにできます。
- 前と後ろで違うお題にしてもいいでしょう。「前の扉は2の段。後ろの扉は9の段」など。
- 暗記するものなら、何でもお題にすることが可能です。ただし、10秒以内で言えるような短いものにしましょう。
  （例）数の単位、〇〇地方の都道府県、算数の公式、俳句、短歌

ゴールを目指す音読あそび-①

96 ダウト
先生の言葉をよ～く聞き取ろう！ 言葉の間違いを探す

ねらい 教師の音読の間違いを探すあそびです。教科書の言葉1つ1つを意識しながら音読するようになります。

あそびかた

先生　　**はじめのことば**
ずっと音読の練習をしてきていますが、もうお話は覚えることができましたか？
正しく読めているかどうかを確かめるあそびをします。

1 ルールを説明する。

先生
教科書を閉じましょう。これから、先生が教科書を読みます。間違えて読んだら「ダウト！」と言いながら手をグーにして挙げましょう。

2 教師が教科書を読み間違える。

先生
「広い海のどこかに、大きな魚の兄弟たちが。」

ダウト！

先生
よく分かりましたね。
「大きな」ではなくて
「小さな」ですね。

3 教室を2つのチームに分けて勝負。

先生: 教室を2つに分けて勝負します。廊下側VS窓側です。早く手を挙げたほうが勝ち。「みんな赤いのに、一匹だけはにわとり貝よりまっくろ！」

: ダウト！

先生: 今のは、窓側チームの勝ち！

: やったあ！

🚩 +ワンポイント
思わず笑ってしまうような内容に変えてしまいましょう。登場人物を教師の名前にすると盛り上がります。

4 2ページほど読んだら終了。

先生: それでは、ここまで。みんな、しっかり覚えることができていますね。でも、まだ「間違ってるかな？ どっちかな？」と悩んでいる人もいました。正しいかどうかパッと分からない人は、まだ読みが足りていませんよ。今のところを、もう一度全員で読みましょう。

もっと夢中にさせるコツ

- 「ペアで勝負。2人の間に消しゴムを置いて『ダウト』と言いながら取りましょう。早く取ったほうの勝ち」というルールにしてもいいでしょう。
- 突然大きな声を出したり、ささやいたりして、子どもをひっかけながら読むようにしましょう。

ゴールを目指す音読あそび-②

97 間違い音読
つられないように気を付けろ！ 正しく教科書を読む

ねらい 教師が違う言葉で読んでいるのにつられないように気を付けながら音読します。読み間違えることにより、子どもたちは教科書の言葉に注目するようになります。

あそびかた

はじめのことば
みんなは、教科書を間違えずに読むことができますか？ 絶対に間違いませんか？ 今からそれを確かめますね。

1 ルールを説明する。

先生は今から間違った読み方をします。みんなは、先生に惑わされずに正しく読み上げます。つられちゃったらアウトですよ。

2 教師が間違えて読み、子どもは正しく読む。

「これはわたしが大きいときに」　「これはわたしが小さいときに」

「村の茂兵という」　「村の茂兵という」

「おばあちゃんからきいたお話です。」　「おじいさんからきいたお話です。」

むむむ、やりますね。

3 ほぼ違うような文にする。

先生:「全員起立。
先生につられてしまったらアウト。
アウトになったら、座って読みます。」

先生:「その山の中から」
「その中山から」

先生:「42.195キロメートル離れた山の中に」

「すこしはなれた山の中に」

先生:「『ゴンザレス』というきつねがいました。」
「『ごんぎつね』というきつねがいました。」

▶ +ワンポイント
あらかじめ面白おかしく間違えることができるように考えておきます。付箋などを教科書に貼っておくといいでしょう。

4 1～2ページ読んだら終了。

先生:「先生につられずに読めた人?」

「きちんと読めました!」

先生:「すばらしい!」

もっと夢中にさせる コツ

● 国語だけではなく、社会科の教科書の音読などでやってもいいでしょう。歴史上の人物を、全然違う人にして読みます。

ゴールを目指す音読あそび-③

98 ものまね音読カード
カードを引いて読んでみよう！ いろいろな声で音読する

ねらい カードに書かれているお題の読み方で音読するあそびです。読みなれた教材も、いつもと違う読み方で読めば、新鮮な気持ちで取り組むことができます。

あそびかた

はじめのことば
今日の音読は、いろいろな声で読みます。
この「ものまね音読カード」を使います。

1 ルールを説明する。

これから「ものまね音読カード」を1枚引きます。ここに書かれている声で読みましょう。

おもしろそう！

2 ものまね音読カードを引く。

では、カードを引きますよ。
まずは、「大きな声で」読みましょう。
さん、はい。

「むかしむかし、あるところに、たのきゅうという　やくしゃが　おったそうな！」

3 次々にカードを引いて、いろいろな声で音読。

先生:「次のカードを引きます。次のお題は「とびはねながら」。始め!」

「たのきゅうは、すぐかえらねばとおもってにもつをまとめてかえろうとしたら、みんなが……。」

先生:「いいですね!」

P +ワンポイント

「はい、カードを引いてみたい人?」と呼びかけて、子どもにカードを引かせてもいいでしょう。カードに書かれている言葉を、子どもに発表させます。

4 2ページほど読んだら終了。

先生:「はい、ここまで。今日は、いろいろな読み方にチャレンジできましたね。」

「楽しかった〜!」

もっと夢中にさせるコツ

- 国語だけではなく、算数や理科、社会の音読でも行えます。帰りの挨拶でやるのも面白いです。
- ものまね音読をした後は、クラスでカードを作ってみるのもいいでしょう。真っ白のカードを配り、絵と文も書き込めば、世界でたった1つの音読カード集が完成します。1年間使い続けることができます。

* 「ものまね音読カード」は227ページに掲載。コピーして厚紙に貼れば、音読カードのできあがり!

ゴールを目指す音読あそび-④

良い声で読めたらレベルアップ！ もっと良い声で音読したくなる
音読で椅子のぼり

ねらい 音読で良い声を出すと、椅子の上へのぼることができるあそびです。子どもたちは、真剣に良い声を出そうとがんばりを見せます。

あそびかた

先生

はじめのことば
今日は、しっかりと音読ができているかどうか、みんなの声を聞きますよ。

1 ルールを説明し、レベルアップの基準を示す。

先生

音読で上手に読めている人は、先生に肩をタッチされます。タッチされた人は、起立します。もう一度タッチされたら、椅子の上へのぼります。さらにタッチされると、机の上へのぼります。もちろん靴は脱ぎましょう。良い声の基準は、「はっきりとした口の形で、声の大きさを意識して読んでいること」です。

2 教師は1人ひとりの声を聞いて回る。

先生

それでは、音読しましょう。
さん、はい。（良い声の子に次々タッチする）

やった！　よしっ！

3 音読をさせながら、次々にタッチする。

全員:「けれど、豆太のおとうだって、くまと組みうちして……」

▶ ＋ワンポイント

前のほうの子を早めに立たせると、ほかの子の良い刺激になります。先生は子ども1人ひとりの声を聞きながら何周も歩いて回ります。全員起立まではさせるようにしましょう。

4 最後まで読み終えたら終了。

先生:（教科書の音読範囲の最後まできたら）はい、ここまで。まわりを見渡してごらん。すごい様子だねえ。気を付けて下りるようにしましょう。みんな、さっきはとても丁寧に音読することができていましたよ。普段からその読み方ができるようにがんばりましょうね！

もっと夢中にさせるコツ

- くれぐれも安全には気を付けましょう。特に窓側の子には注意が必要です。危険が予測される場合は、椅子の上に立つまでにしておきます。

ゴールを目指す音読あそび-⑤

100 テスト読み
間違えずに読み切れるか！？　教科書の文章を正しく読む

ねらい　正しく読むことができているかどうかチェックするあそびです。子どもたちは、正しく音読することの難しさに気付きます。集中して音読しようという意欲をもたせます。

あそびかた

先生

はじめのことば
今日は、「テスト読み」をします。
書かれている言葉を間違えずに読めればOK！
さあ、合格者は現れるでしょうか。

1　見本を見せながら、ルールを説明する。

先生

教科書の音読をします。噛んだり、きちんと点や丸で止めなかったりするとアウトです。約1ページ、1つも間違えずに読めたら合格です。

2　練習時間を設ける。

先生

範囲は○ページから○ページまでです。各自練習をしましょう。用意、始め！

3　1人ずつ起立して読む。

先生

はい、それでは端の人から1人ずつやりましょう。次の人は、先に立っておくようにしましょうね。

「上の方や横の方は、青くく……」

先生　ブー。おしい。噛んじゃったね。次の人。

「上の方や横の方は、青くくらく……（中略）下流の方へ行きました。」

先生　OK！ 合格！ 拍手〜！！

🚩 **＋ワンポイント**
合格が近づくにつれて、先生は手を掲げていきます。子どもたちは、「あ、そろそろ合格だ……」とドキドキしながら音読を聞くようになります。

4 全員が読み終えたら終了。

先生　はい、全員終わりましたね。合格した人、手を挙げましょう。よくがんばりました。「読めている」と思っているけれども、じつは言葉を間違えていたり、点や丸を無視して読んでしまっているものなのですね。明日、もう一度この場面でテスト読みをします。音読の宿題をしっかりがんばってきましょう。

もっと夢中にさせる　コツ

- 「3文読めたら合格」というルールにすれば、短時間で全員読むことができます。
- 「ピンポン」「ブッブー」の機器があるととても便利です。間違えた瞬間に「ブー」と鳴らすことができます。また、合格したときに「ピンポン！」と鳴らせば子どもは大喜びです。

ゴールを目指す音読あそび-⑥

101 音読もぐら

まわりをよく見て読み上げろ！ 友だちとタイミングを合わせて音読する

ねらい 指名なしで順番に立ち上がって音読するあそびです。チーム戦なので、仲間との協調性が高まります。

あそびかた

はじめのことば
教科書を開きましょう。今日は、「音読もぐら」というあそびをします。友だちの動きをよく見て、タイミングよく読みましょう。
（先生）

1 ルールを説明する。

クラスを半分に分け、廊下側チームvs窓側チームで勝負します。交互に1人ずつ立ち上がって、本文を1文ずつ読んでいきます。ほかの友だちと立ち上がるタイミングが重なったり、だれも立ち上がらずに5秒経過したりするとアウト。相手チームに1ポイントが加算されます。
（先生）

2 練習する。

それでは、練習をしてみましょう。ジャンケンで勝ったチームから、始め！
（先生）

「月のいい晩でした。」

「ごんは、ぶらぶら遊びに出かけました。」

そう、スムーズにできていますね。
（先生）

3 本番開始。

先生: それでは、いよいよ本番です。始め。

「月のいい晩でした。」

「ごんは、ぶらぶら」

「ごんは、ぶらぶら……あっ！」

先生: 同時に言ってしまいましたね。アウト！

P +ワンポイント

だれも立ち上がらないとき、教師は指を立てながら「5！ 4！ 3！……」とカウントダウンします。プロレスのレフェリーのようにオーバーにやると盛り上がります。

4 あそびを終了し、ふりかえりをする。

先生: 5、4、3、2、1……ブー！ 立ち上がる人がいなかったので、相手チームに1ポイント！ ただいまの結果、窓側チームの勝ち！

イエーイ！

先生: みんな、まわりをよく見て、順番を譲りながら音読することができていましたね。

もっと夢中にさせる コツ

- 「音読できるのは1人1回だけ」「1人2回だけ」という制限をつくれば、全員音読せざるを得なくなるので、適度な緊張感が生まれます。
- 同時に立ち上がったとしても、声を出していなければセーフにします。判定基準を明確にしておけば、子どもたちも安心して楽しむことができます。

学級あそび30「階段レベルアップ」階段の例

【階段型】サボっていると落ちる。落ちるとアウトで、またはじめから。右2つはお城にたどり着けたらゴール。

ピョンピョンドカン　　キノコ　　お城へGO　　落ちればアウト！ お城へGO

【階段折り返し型】階段の左下からスタート。一番上の段までいけば、乗り物や動物に乗って雲のステージへと移動します。
左下の雲から右上へと上がっていきます。
雲ステージでサボっていると、下の階段へ落っこちてしまいます。

魔法の絨毯　　ビッグバード　　ちょうちょ　　バネでビヨーン　　ドカンでドカン

【はしご型】はしごや木の枝などを、上へ上へとのぼっていきます。
1番上までたどりついた班が出たら、雲や星を描き足しましょう。

エレベーター　　りんごをゲット　　ジャックと豆の木　　UFOに乗り込め　　蜘蛛の糸

100ます計算

班

分	秒

×	0	1	2	3	4	5	6	7	8	9	×
0											0
1											1
2											2
3											3
4											4
5											5
6											6
7											7
8											8
9											9

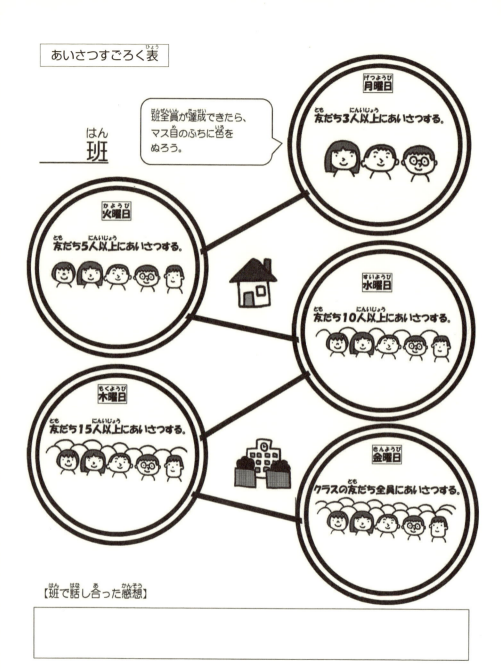

きらりハンター

（　　　　　　　）くん・さんの
きらりと光るいいところを見つけよう！

1.	
2.	
3.	
4.	

たくさん見つけられたかな？

1こで、赤ちゃんハンター
2こで、みならいハンター
3こで、一人前ハンター
4こ〜　は、スーパーハンターだ！

ハンターからのメッセージ

ハンター
（　　　　　）より

ペアハンター
（　　　　　）より

（　　　　　）

見つけてもらって、どう思ったかな？　感想を書こう。

学級あそび93　パズルでクイズ：クイズの文例

パターン1（初級編）
①さかさまにしていうとおこられてしまうどうぶつってなーんだ？（カバ）
②かけっこをするときにあらわれるどんぶりってなーんだ？（よーいどん）
③あさおきたら、みんながいちばんはじめにあけるふたってなーんだ？（まぶた）
④きょうそうするといつも9ばんになってしまうくだものってなーんだ？（キウイ）
⑤クモがクルッとひっくりかえったのは、なんようびかな？（木曜日）
⑥ひとのいけんにさんせいばかりしているのみものって、なーんだ？（ソーダ）
⑦うんどうじょうにいつでもあるくるまって、なーんだ？（トラック）
⑧いやがる人がだれもいないスポーツがあるよ。これってなーんだ？（スキー）

パターン2（中級編）
①さんかく、まる、しかく、トンネルがぐーつぐつ。これってなんだ？（おでん）
②だいすきなアイドルをみるとあらわれるトリってなーんだ？（うっとり）
③ソファの下に、なにかがあるよ。これって、なーんだ？（ミレド）
④うしろにさがればさがるほど、つよいしょうぶってなーんだ？（つなひき）
⑤いけにおちたおひめさまがのっていたのりものってなーんだ？（ばしゃ）
⑥あいにかこまれたカがいるよ。このカは、どんないろかな？（あかい）
⑦ぎゅうにゅうのなかにかくれているうみのいきものってなーんだ？（ウニ）
⑧ラーメンやのメニューで「そそそ」。これってなにあじ？（みそあじ）

パターン3（上級編）
①おさらになまえをかくにんしているやさいってなーんだ？（サラダ菜）
②ゲタを2つもってはしっているひとがいたよ。何をしていたのかな？（にげた）
③すはあるのに、いつもすのなかにいないトリってなーんだ？（カラス）
④4ほん2ほん3ぼんとあしのほんすうがかわるいきものってなーんだ？（人間）
⑤いろえんぴつに、とりが2わ　かくれているよ。なにいろかな？（みどり・きみどり）
⑥「さしすせそ」のふくがあるよ。これっていったいなんのふくかな？（さぎょうふく）
⑦コロのこどもはココロ。それでは、ココロのこどものなまえは？（マゴコロ）
⑧タイヤのかずが3→4→2とかわっていくのりものってなーんだ？（自転車）

ものまね音読カード			
宇宙人のように	新幹線なみのはやさで	ゆ〜っくりと	ボソボソ小さな声で
大きな声で	とびはねながら	首をグルグル回して	かん高い声で
低い声で	口パクで	感情をたっぷりこめて	怖い話のように
猫になって	コマのように回って	イケメン風に	関西のおばちゃん風に
ギャルっぽい言い方で	ぶりっこしながら	昔話のおばあさんで	犬になって

著者紹介

三好真史（みよし しんじ）

1986年大阪府生まれ。
大阪教育大学教育学部卒業。
堺市立小学校教諭。
メンタル心理カウンセラー。
教育サークル「大阪ふくえくぼ」代表。
目標は、「教育を通じて日本を明るく楽しくすること」。
著書に『子どもが変わる3分間ストーリー』（フォーラム・A）がある。

子どもがつながる！　クラスがまとまる！
学級あそび101

2017年 3月23日　初版発行
2025年 2月10日　11刷発行

著者	三好真史（みよししんじ）
装幀	スタジオダンク
本文デザイン・DTP制作	スタジオトラミーケ
イラスト	榎本はいほ
発行者	佐久間重嘉
発行所	株式会社 学陽書房
	東京都千代田区飯田橋1-9-3　〒102-0072
	営業部　TEL03-3261-1111　FAX03-5211-3300
	編集部　TEL03-3261-1112　FAX03-5211-3301
	https://www.gakuyo.co.jp/
印刷	加藤文明社
製本	東京美術紙工

©Shinji Miyoshi 2017, Printed in Japan
ISBN978-4-313-65331-3　C0037

乱丁・落丁本は、送料小社負担にてお取り替えいたします。
定価はカバーに表示してあります。

JCOPY ＜出版者著作権管理機構 委託出版物＞

本書の無断複製は著作権法上での例外を除き禁じられています。複製される場合は、そのつど事前に、出版者著作権管理機構（電話03-5244-5088、FAX 03-5244-5089、e-mail: info@jcopy.or.jp）の許諾を得てください。